Jeanne Vassal

Pile ou Face

Illustrations de CHICA

Pour le Feuilleton :
Charles Berberian et Philippe Dupuy

C L E
international

27, rue de la Glacière. 75013 Paris.
Vente aux enseignants : 16, rue Monsieur-le-Prince. 75006 Paris.

Éditorial

Pile ou Face...

Le titre de cette méthode illustre l'interdépendance entre la
culture et la langue françaises. Pile/Face, c'est le revers et l'avers
d'une même réalité que l'enseignement doit présenter
simultanément.

Pile ou Face...

C'est la latitude laissée au professeur d'aborder chaque étape de
l'apprentissage soit par une immersion dans la culture des jeunes
Français (côté Pile) soit par l'étude de la langue française, support
et expression de cette culture (côté Face).

Le *Livre de l'élève* que vous avez entre les mains comporte ainsi 3 volets :

Le côté Pile :

Six numéros d'un magazine pour jeunes adolescents
(soit 25 unités pédagogiques).

Le côté Face :

L'étude systématique de la langue française
à partir des supports correspondants de Pile.

La Boîte à outils :

Conçue comme une mini-encyclopédie.

Pour faciliter le travail du professeur, nous proposons un vaste
ensemble de moyens et d'outils ; des questions de compréhension,
des programmes de révisions, un apprentissage des sons et de leur
graphie, des tableaux de conjugaison, de nombreux exercices,
des «pense-bête» ainsi que trois bilans trimestriels.

Cependant le *Livre de l'élève* ne serait pas complet sans les
activités proposées dans le *Livre du professeur* pour permettre une
animation dynamique de la classe (travaux individuels ou d'équipe,
exercices oraux et écrits faisant largement appel à la créativité des élèves).

Quatre cassettes regroupent les dialogues, les exercices et les chansons
spécialement conçues pour un travail en phonétique.

Une cinquième cassette «spécial élève» permet une écoute individuelle
des dialogues, des feuilletons et des chansons.

Le *Cahier d'exercices* comprend des mini-lexiques thématiques, six tests,
un précis grammatical, un lexique traduit en quatre langues, autant
d'outils indispensables que l'élève pourra conserver, même lorsqu'il aura
restitué son manuel.

Nous espérons avoir ainsi répondu aux trois préoccupations qui
nous ont guidés dans l'élaboration de cette méthode :
– motiver les jeunes adolescents en leur faisant partager les goûts
et les préoccupations des jeunes Français de leur âge,
– doter les élèves de bases linguistiques solides,
– permettre au professeur de choisir la meilleure stratégie
pédagogique en fonction de ses préférences et des contraintes de
l'enseignement.

© CLE International 1991. ISBN 2.19.033381.4

SOMMAIRE

La Seine à Paris

Le téléphérique de Grenoble

Une rue en province

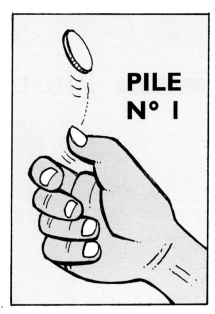

PILE N° I

Enquête

1 🔊
- Tu apprends le français?
- Oui, avec «Pile ou face».

2 🔊
- Vous apprenez le français : pourquoi?
- Parce que...

3 🔊
- Allô! Antoine? Bonjour!...

...

5 🔘

⑤

- La tour Eiffel?

Tu apprends le français?

②

⑥

6 🔘

- Marc, bonjour! Ça va?
- Ça va!

⑦

*a. Les élèves apprennent
le français : pourquoi?*
*b. Et vous, pourquoi
apprenez-vous le français?*
*c. Comparez votre réponse
avec celle des autres élèves
de votre classe.*

⑧

Événement

1

- Tu es française ?
- Non.
- Mais tu parles français ?
- Oui, un peu.

2

- Vous êtes américain ?
- Non, je suis français ! Pourquoi ?

3

- Vous êtes anglaise ?
- Non, je ne suis pas anglaise, je suis irlandaise.

4

- Il est français ?
- Oui, bien sûr !

À GRENOBLE :

Dialogue I ⬤⬤
a. *Le garçon pense que la fille est*
   → *française ? anglaise ?*
b. *La fille parle français*
   → *oui ? non ?*

Dialogue 2 ⬤⬤
a. *L'arbitre pense que le joueur est*
   → *américain ? français ?*
b. *Le joueur est*
   → *américain ? français ?*

Dialogue 3 ⬤⬤
La femme est → *anglaise ?*
française ? irlandaise ?

Dialogue 4 ⬤⬤
a. *Le chien est français*
   → *oui ? non ?*
b. *Le garçon est français*
   → *oui ? non ?*

Test
Êtes-vous fort en géographie?

Écoutez et regardez
les jeunes champions.

Quelle est leur nationalité?
Est-ce qu'ils parlent français?

Exemple de grille de réponse

N°	Il est...	Il parle français	Il ne parle pas français
0	portugais		×
1	....		

N°	Elle est...	Elle parle français	Elle ne parle pas français
0	suisse	×	
1	....		

«Jeux Olympiques Juniors»

Comptez un point
par réponse exacte.

Vos résultats :

8 points : bravo! c'est parfait!

4 à 7 points :
encore un petit effort!

Moins de 4 points :
recommencez!

Il est :
allemand - anglais - belge
espagnol - italien - japonais
marocain - sénégalais

Elle est :
allemande - anglaise
belge - espagnole
italienne - japonaise
marocaine - sénégalaise

Vie pratique

C'est français ? Bizarre !

1
Qu'est-ce que c'est ?

a. c'est un ballon
b. c'est un igloo
c. c'est un cinéma

2
Qu'est-ce que c'est ?

a. c'est une voile
b. c'est une cheminée
c. c'est une colonne

3
Et ça, qu'est-ce que c'est ?

a. ce sont des trains
b. ce sont des avions
c. ce sont des voitures

*Regardez les photos et
choisissez la bonne réponse
aux devinettes 1-2-3.
Si vous ne trouvez pas,
demandez à votre professeur.*

4

Restaurant « Gourmandise »

Marc Lacombe	Une charlotte, c'est quoi ?
Mme Lacombe	C'est un gâteau !
Serveur	C'est une glace, madame.
Marc Lacombe	C'est un gâteau ou une glace ?
Serveur	Euh... c'est un gâteau **et** une glace.
Marc Lacombe	C'est bon ?
Mme Lacombe	C'est très bon.
Serveur	C'est excellent !
Marc Lacombe	Alors, une charlotte, s'il vous plaît.

Dialogue 4 ● ●

a. *Où se situe la scène ?*
b. *Qui sont les personnages ?*
c. *La charlotte, c'est → une glace ? un gâteau ?*
d. *La charlotte, c'est → bon ? très bon ? excellent ?*
e. *Marc commande une charlotte → oui ? non ?*

Reportage

2

Le garçon   La femme, là-bas, qui est-ce ?
La fille   C'est Madame Langlois, la boulangère.
Le garçon   Et le garçon avec la bicyclette ?
La fille   Lui ? C'est le plombier.

1

Le facteur   Mademoiselle Martel, c'est vous ?
La 1re jeune fille   Marie Martel ? Oui, c'est moi !
Le facteur   Euh... non : Nadine Martel.
La 2e jeune fille   C'est moi ! Vous êtes nouveau ?

Dialogue I 🔘🔘

a. *La 1re jeune fille s'appelle* → *Marie ? Nadine ?*
b. *La 2e jeune fille s'appelle* → *Marie ? Nadine ?*
c. *Le facteur est nouveau* → *oui ? non ?*

Dialogue 2 🔘🔘

a. *Mme Langlois est* → *épicière ? boulangère ?
crémière ?*
b. *Le garçon avec une bicyclette est* → *charcutier ?
plombier ?*

3

Le garçon	... Et l'homme à la fenêtre, c'est qui ?
La fille	Lui ? C'est Monsieur Montand, le pharmacien.
Le garçon	Et elle ?
La fille	Elle ? Je ne sais pas.

Coup d'œil

Victor Hugo (1802-1885) célèbre écrivain et poète français.

En direct de la rue Victor-Hugo

4

Le petit garçon   Ce n'est pas moi, c'est lui !

5

Le jeune homme	Allô ? C'est toi Marie ?
L'homme	Non, ce n'est pas Marie !
Le jeune homme	Oh ! Pardon, monsieur !

Dialogue 3 🔘🔘

a. Le garçon désigne → le plombier ? le facteur ? l'homme à la fenêtre ?

b. Le garçon habite rue Victor-Hugo → oui ? non ?

Dialogue 4 🔘🔘

Le petit garçon accuse → l'homme ? l'autre petit garçon ?

Dialogue 5 🔘🔘

a. Le jeune homme téléphone à → Marie ? Nadine ?

b. Il parle avec → un homme ? une femme ?

Feuilleton .... «Luc, Alain,

1er épisode : «Un nouveau voisin»

1

Luc	Tu es nouveau ?
Alain	Oui.
Luc	Tu es d'où ?
Alain	De Fort-de-France.
Luc	C'est... à la Martinique ?
Alain	Oui, mais papa travaille à Paris... pour un an. Alors j'habite ici.

2

Luc	Tu vas à JF à la rentrée ?
Alain	JF ?
Luc	Oui, Jules-Ferry, le collège Jules-Ferry.
Alain	Ah ! le collège ! Oui, oui.
Luc	Chouette, moi aussi !

3

Alain	(à un déménageur) Oh ! attention ! C'est fragile !
Luc	Qu'est-ce que c'est ?
Alain	Un ordinateur.
Luc	Avec des jeux ?
Alain	Bien sûr ! Ils sont super !

Caroline et les autres »

6

Vendredi 31 août
Aujourd'hui, rencontre avec un
nouveau voisin. Il s'appelle
Alain. Il est martiniquais.
Il habite au cinquième.
Il est sympa.
Père : travaille au C. R. A. ?
Mère : ?
A suivre...

Comment s'appellent les personnages de l'épisode ?

Dialogue I 🔘
Alain est → américain ? anglais ? martiniquais ?

Dialogue 2 🔘
JF, c'est le nom → d'une rue ? d'un collège ?

Dialogue 3 🔘
Qu'est-ce qu'il y a dans le carton marqué « fragile » ?

Dialogue 4 🔘
Qui appelle Alain ? Pourquoi ?

Dialogue 5 🔘
Imaginez qui est Patricia.

Document 6
a. *Qu'est-ce que Luc écrit dans son journal ?*
b. *Luc pense que le père d'Alain travaille au C.R.A. : pourquoi ?*

4

Voix	Alain ! Alain ! Monte vite !
Alain	J'arrive, maman ! Au revoir.
Luc	Au revoir ! Eh ! je m'appelle Luc !

5

Patricia	C'est qui ?
Luc	Lui ? c'est Alain, il est martiniquais.

• • • • • • • • • •

Entracte

1 Utilisez-vous des mots français dans votre langue ?
Connaissez-vous des mots de votre langue utilisés en français ?

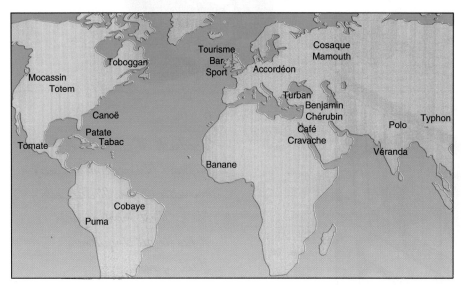

D'après *Mikado*, 1990. © Éd. Milan.

2 Ils ne parlent pas : pouvez-vous les comprendre ?

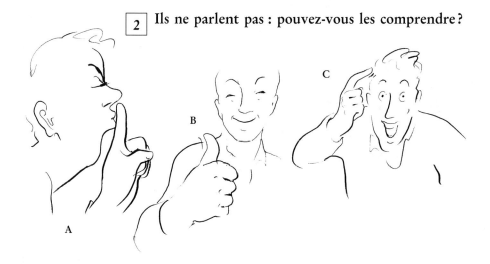

3 Chanson ⊙•

Qui es-tu ?

Refrain

Qui es-tu ?
D'où viens-tu ?

Qui es-tu ?
Où vas-tu ?

Écoutez la chanson et :

a. *Repérez les mots suivants :*
allons - ami - bonjour - imagine - raconter -
ravi - rencontrer - temps.

b. *Classez-les selon l'ordre d'apparition.*

c. *Dans ces mots, écoutez les sons* [a], [ã], [ɔ̃].

SOMMAIRE

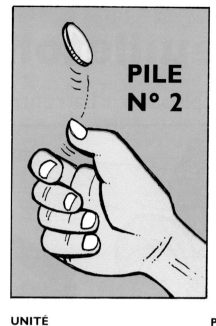

PILE
N° 2

*La plage
du Diamant
à la Martinique*

*À la bibliothèque
du collège*

*Zébulon
en pleine ascension*

*Une téléspectatrice
attentive*

Feuilleton .... «Luc, Alain,

2ᵉ épisode : «La rentrée des classes»

1

Luc	Oh, regarde là-bas... les copains ! Le garçon avec la planche, c'est Rachid. Et voilà Caroline et Marion !
Alain	Et le garçon avec le vélo ?
Luc	Lui, c'est Jérôme. Bonjour ! Ça va ?
Tous	Salut ! Bonjour ! Ça va ! Et toi ?
Luc	Oh ! moi... la rentrée...

2

Caroline	(*à Alain*) Tu es nouveau ?
Rachid	Tu t'appelles comment ?
Alain	Je m'appelle Alain...
Luc	Et il est martiniquais.
Marion	Martiniquais ?
Rachid	Oh ! La Martinique, je connais : c'est formidable !

Caroline et les autres »

4

Lundi 10 septembre

Jour de la rentrée.

Profs : on a Normand en maths!

(ouah!! on a déjà des devoirs!)

et Mme Natier en français : elle

est très gentille. Le prof de gym

est nouveau.

Il s'appelle Carlier ou Carrier?

Il est sympa.

Pat est furieuse : elle est en

CM 2/a et Martine "la Copine"

(avec un C majuscule) est en

CM 2/b. C'est le drame!!

(Moi, je trouve Martine stupide!)

Le père d'Alain est ingénieur.

Ingénieur en quoi? Mystère...

Jérôme a un nouveau vélo.

Il est génial. Le vélo. Pas Jérôme!

Dialogue 1 ●●

a. Comment s'appellent les copains de Luc?
b. Rachid a → une bicyclette? une planche?
c. Jérôme a → une bicyclette? une planche?
d. Luc aime le jour de la rentrée → oui? non?

Dialogue 2 ●●

Rachid connaît la Martinique → oui? non?

Dialogue 3 ●●

a. Qui a faim? → Marion? Caroline?
b. Elles achètent des croissants → oui? non?

Document 4

a. Comment s'appellent les professeurs de Luc?
b. Luc a un devoir → de maths? de français?
c. Le professeur de gym est → gentil? sympathique?
d. Martine est la copine → de Luc? de Patricia?
e. Patricia est furieuse → oui? non? Pourquoi?
f. Luc trouve Martine → gentille? stupide?
g. Le père d'Alain est → professeur? ingénieur?
h. Jérôme est génial → oui? non?

3

Caroline	Moi, j'ai faim. Marion, on achète des croissants?
Marion	Il est tard : on a le temps?
Caroline	Oui... Non! Oh zut! ça commence mal!

● ● ● ●

Reportage

1

2 bâtiments de 2 étages
23 classes de 6ᵉ, 5ᵉ, 4ᵉ, 3ᵉ
550 élèves
150 élèves déjeunent au collège

C
Où est l'atelier,
s'il vous plaît ?

Tournez à droite,
puis à gauche !

B
Pardon, monsieur ! Je
cherche le réfectoire.

C'est tout droit.

2 A
Le secrétariat,
s'il vous plaît ?

C'est dans le
bâtiment A.

Document I
a. *Le collège Jules-Ferry a → 23 bâtiments ? 2 bâtiments ?*
b. *550 élèves déjeunent au collège ? 150 élèves déjeunent au collège ?*

Dialogue 2 ●●
Jouez et mimez les dialogues.

3

Coup d'œil
Jules Ferry,
homme politique français (1832-1893)
« Père » de l'école française moderne

En direct du collège Jules-Ferry

D
Pour aller à la
bibliothèque, s'il
vous plaît ?

Prenez le premier
couloir à droite !

> **Document 3**
> a. *Jules Ferry est le nom → d'un professeur ? d'un homme politique ?*
> b. *du → XVIIIe siècle ? XIXe siècle ? XXe siècle ?*
> c. *Jules Ferry était → français ? anglais ?*

4

Test
Avez-vous une bonne oreille ?

Voici quelques lieux importants du collège.
👂 Écoutez et regardez le plan. À quel endroit entendez-vous
chacun de ces bruits ? Comptez un point par réponse exacte.

Vos résultats :

Plus de 7 points :
bravo ! vous savez écouter !

4 à 6 points : encore
un peu d'entraînement !

Moins de 4 points :
recommencez !

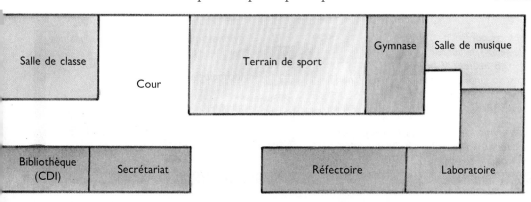

Reportage
(suite)

5 LE COLLÈGE : EMPLOI DU TEMPS

Lundi 10 septembre - 18 heures

Marion   Allô ! Rachid ? C'est Marion. Dis, samedi, on commence à 8 heures ou à 9 heures ?

Rachid   Tu n'as pas l'emploi du temps ?

Marion   Si, mais j'ai un doute.

Rachid   Attends, je vérifie... samedi... on commence à 8 heures et on finit à midi.

Marion   Et le jeudi, est-ce qu'on a gym ?

Rachid   Non, on a cours de gym le mardi et le samedi.

Marion   À quelle heure ?

Rachid   Le samedi, de 11 heures à midi et le mardi de 3 heures à 5 heures.

Marion   Chic ! Mardi, c'est demain ! Merci, Rachid !

Rachid   À demain !

6

Heure ＼ Jour	LUNDI	MARDI	MERCREDI	JEUDI	VENDREDI	SAMEDI
8 h - 9h	✒	✓		✓	✒	✓
9 h - 10 h		⚛		✒	💻	✒
10 h - 11 h	⊕			✒		🎧
11 h - 12 h	✓	🔬				🤸
14 h - 15 h	🐓	🎧		⊕		
15 h - 16 h	🎻	🤸		🎧	🎧	
16 h - 17 h		🤸		🎨		

Dialogue 5

a. Marion a l'emploi du temps → oui ? non ?
b. Elle a un doute pour → le jeudi ? le samedi ?
c. Les cours commencent à → 8 heures ? 9 heures ?
d. Le cours de gymnastique est le lundi et le samedi → oui ? non ?
e. Marion aime la gymnastique → oui ? non ?

Document 6

Recopiez l'emploi du temps de Marion et de Rachid et remplacez les symboles par le nom des cours à l'aide de la « Boîte à outils » (pages 133 à 138) et des indications suivantes :

 = *gymnastique*   🎻 = *musique*

 = *technologie-informatique*

 = *langue vivante*   = *sciences physiques*

 = *instruction civique.*

Événement

1

Bertrand Roche – Zébulon – a 12 ans. Il va au collège... et il escalade des falaises !

Zébulon est un prodige de l'escalade. Ce n'est pas un hasard : le père de Bertrand, Jean-Noël Roche, est guide de haute-montagne.

À six ans, Zébulon fait une première ascension dans le Verdon.

Aujourd'hui, « Pap's et Zébulon », les Roche père et fils, escaladent le *Black Canyon of Gunnison* au Colorado. Deux jours à 1 500 mètres d'altitude. Retour en parachute.

Ils préparent l'escalade de la première falaise du monde : *El Capitan*, en Californie.

Zébulon n'a pas peur : il adore l'aventure.

Avec l'autorisation du *Journal de Mickey*.

Zébulon escalade

le Black Canyon

Document I

a. Ce document est → une lettre ? un texte publicitaire ? un article ?
b. Zébulon, c'est → Bertrand Roche ? Jean-Noël Roche ?
c. Il a → six ans ? douze ans ?
d. Il fait → de la gymnastique ? du tennis ? de l'escalade ?
e. Aujourd'hui, il escalade → El Capitan en Californie ? Le Black Canyon au Colorado ?
f. Zébulon a peur → oui ? non ?
g. Il adore l'aventure → oui ? non ?

Enquête

Les jeunes Français et la télévision

1

TÉLÉVISION-SÉLECTION

J'aime un peu   ★
J'aime beaucoup   ★★
J'adore   ★★★

Mercredi

17 h   Les animaux du monde
Documentaire
★★★

18 h   Mac Gyver
Série américaine
★★

Jeudi

19 h   Football
★★★
France-Roumanie

20 h 35   Variétés
Vanessa Paradis
Spectacle de Bercy
★★★

Vendredi

17 h   Infos-Jeunes
★★

18 h 05   Le violon
Documentaire
★★

20 h 30
Les Misérables
Film
avec Lino Ventura
★★★

Samedi

17 h   L'aventure de la vie
Documentaire
★★

20 h 15 Disney Channel
Programme pour enfants
★★

Dimanche

16 h 45   Les 3 Mousquetaires
Feuilleton
★★★

20 h 45
Le gendarme de Saint-Tropez
Film avec Louis de Funès
★★

Document 1

a. Ce document est →un texte publicitaire ? un programme de télévision ? un article ?
b. Combien y a-t-il de chaînes de télévision en France ?
c. Quels sont les sigles des chaînes de la télévision française ?
d. Quelle chaîne, quel jour, quelle heure choisissez-vous pour voir :
un film ? une série américaine ? du sport ? des variétés ? les informations ?
e. Quels sont les programmes qui méritent ★★★ ?

2

Test Aimez-vous la télévision?

Choisissez une activité selon le moment
et selon le climat.

Vous préférez	lire	faire du sport	jouer à la maison	jouer dehors	regarder la télé
Les jours de congés					
Après l'école					

*Allez à la page suivante
pour analyser vos réponses →*

3

Enquête auprès des jeunes Français de 8/14 ans.

Pendant les jours de congés, le soir après l'école, les jeunes Français préfèrent :	1980 %	1991 %
Regarder la télévision	51	87
Jouer dehors.	48	57
Faire du sport	40	53
Faire du vélo	29	53
Lire des livres	15	51

Institut de l'enfant / *Kid generation*, n° 14 - 1991.

Document 3

a. *Ce document est → un article? une enquête? un texte publicitaire?*

b. *Quel est le pourcentage des jeunes Français qui jouent dehors → en 1980? en 1991?*

c. *Les jeunes Français lisent beaucoup → en 1980? en 1991?*

d. *Ils font beaucoup de sport → oui? non?*

Entracte

1 Analysez vos réponses au test « Aimez-vous la télévision ? »

Vous avez surtout	Notre avis...
📖	Vous aimez lire. Bravo ! Faites aussi du sport !
🌳 🎲	Vous aimez jouer. Trop ? Il faut aussi lire.
🌳 🐇	Vous aimez le sport et le plein air. Bravo ! Mais il faut aussi lire.
📖 🎲	Vous aimez rester à la maison pour lire et jouer. Mais attention : faites aussi du sport !
📺	Vous aimez la télévision. Trop !! Attention : il faut lire et faire du sport !
Autre réponse	Combinez les avis ci-dessus.

2 Poème 🔵🔵

Passion

« Le matin, je ne mange pas,
Je pense à toi.
À midi, je ne mange pas,
Je pense à toi.
Le soir, je ne mange pas,
Je pense à toi.
La nuit, je ne dors pas,
Je meurs de faim ! »

Poème de Claire Bès.
Extrait de *Mikado*, 1990.
© Éd. Milan.

3 Chanson 🔵🔵

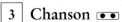

Les amis

Refrain

C'est toujours l'ami qui a
tout ce que tu n'as pas.

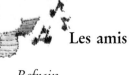

Écoutez la chanson et :

a. Repérez les mots suivants : Amérique - ciné - manège - points de vue - préfère - samedi.

b. Classez-les selon l'ordre d'apparition.

c. Dans ces mots, écoutez les sons [ə], [e], [ɛ].

SOMMAIRE

*Le vieux port
de Marseille*

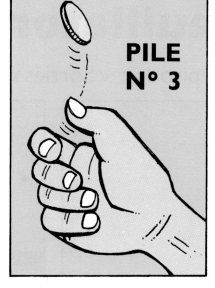

**PILE
N° 3**

*L'Aquaboulevard,
c'est exotique*

Dans une librairie

*Vive
les pompiers!*

Feuilleton .... « Luc, Alain,

3ᵉ épisode : « Sorties »

1

Alain	Qu'est-ce que vous faites dimanche ?
Rachid	Moi, je vais au ciné avec mes frères.
Alain	Pour voir quoi ?
Rachid	« Le Grand Bleu » au Rex.

2

Caroline	Marion et moi, on va à l'Aquaboulevard. Viens avec nous !
Alain	L'Aquaboulevard ? Qu'est-ce que c'est ?
Marion	C'est… c'est une super-piscine. C'est formidable !
Alain	Non, merci ! Je préfère le cinéma.
Rachid	Alors, rendez-vous à deux heures, à l'entrée du Rex.

Caroline et les autres »

3

Alain	Luc, Jérôme, vous venez avec nous ?
Luc	Impossible : dimanche je vais à Nancy.
Marion	À Nancy ?
Luc	Oui, chez mes grands-parents.
C'est leur anniversaire de mariage.
Leurs noces d'or !

4

Jérôme	Et moi, je fais du vélo...
Luc	Tu t'entraînes pour le tour de France ?
Jérôme	Idiot ! Bon, allez, salut !

5

*Jeudi 15 novembre - 18 heures
Il est encore là. Lui, c'est
l'homme à l'imperméable.
Il se promène dans le quartier,
l'après-midi. Il a un journal
"L'Équipe". Il fait semblant de
lire. Ça se voit.
Dimanche 18 novembre
Maintenant, ils sont deux.
Le deuxième se promène le
matin. Il a un blouson noir.
Lui aussi, il lit "L'Équipe".
Ils surveillent quelque chose...
Quelqu'un. Qui ? Alain ?
Le père d'Alain ? Il travaille
au C.R.A., à Fort-de-France et
à Paris. C'est dangereux.
Très dangereux ! J'ai peur !
Nota : On a encore un devoir de
géo pour demain !*

Dialogue 1 🔘
a. Dimanche, où va Rachid ?
b. Avec qui ? Pour voir quel film ?

Dialogue 2 🔘
a. Caroline va → au cinéma ? à la piscine ?
b. Elle sort avec → sa mère ? Marion ?
c. Alain préfère → le cinéma ? le vélo ?

Dialogue 3 🔘
a. Où va Luc ?
b. Repérez **Nancy** sur la **carte** (p. 134).

Dialogue 4 🔘
a. Que fait Jérôme ?
b. Qui se retrouve → au cinéma ?
à la piscine ?

Document 5
a. Le premier homme
porte un imperméable → oui ? non ?
b. Il se promène → le matin ? l'après-midi ?
c. Il lit → un livre ? un journal ?
d. Le deuxième homme
porte un imperméable → oui ? non ?
e. Il se promène → le matin ? le soir ?

Feuilleton *(suite)*

6 Noces d'or de papi et mamie
Nancy, dimanche 18 novembre

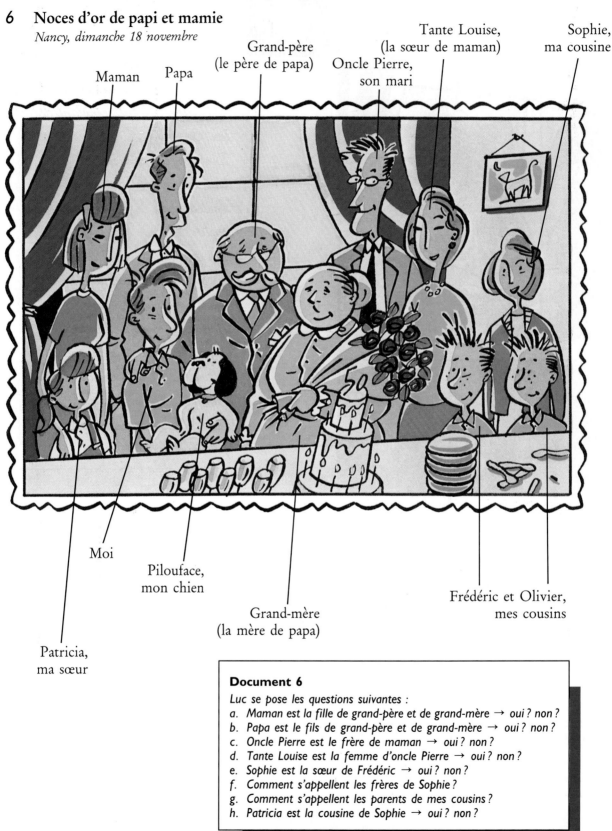

Maman

Papa

Grand-père
(le père de papa)

Oncle Pierre,
son mari

Tante Louise,
(la sœur de maman)

Sophie,
ma cousine

Moi

Pilouface,
mon chien

Grand-mère
(la mère de papa)

Frédéric et Olivier,
mes cousins

Patricia,
ma sœur

Document 6

Luc se pose les questions suivantes :
a. Maman est la fille de grand-père et de grand-mère → oui ? non ?
b. Papa est le fils de grand-père et de grand-mère → oui ? non ?
c. Oncle Pierre est le frère de maman → oui ? non ?
d. Tante Louise est la femme d'oncle Pierre → oui ? non ?
e. Sophie est la sœur de Frédéric → oui ? non ?
f. Comment s'appellent les frères de Sophie ?
g. Comment s'appellent les parents de mes cousins ?
h. Patricia est la cousine de Sophie → oui ? non ?

Test

Avez-vous une mémoire... d'éléphant ?

Regardez pendant 15 secondes les deux personnages de l'Entracte (page 34, n° 1) et répondez aux questions suivantes. Comptez un point par bonne réponse :

Le jeune homme

1. Il a les yeux :
   - • bleus • verts • gris • noirs
2. Il est :
   - • blond • brun • roux
3. Il a :
   - • les cheveux longs • les cheveux courts
4. Il est :
   - • grand • petit
5. Il est :
   - • gros • mince • maigre

La jeune fille

1. Elle a les yeux :
   - • bleus • verts • gris • noirs
2. Elle est :
   - • blonde • brune • rousse
3. Elle a :
   - • les cheveux longs • les cheveux courts
4. Elle est :
   - • grande • petite
5. Elle est :
   - • grosse • mince • maigre

Écoutez les dialogues et contrôlez vos réponses à la page suivante →

Test *(suite)*

1

Sophie	Mike Trévort, j'adore !
Juliette	Bof, il chante mal !
Sophie	Oui, mais il est beau !
Juliette	Tu trouves ?
Sophie	Il a les yeux bleus...
Juliette	Il est trop petit !
Sophie	Oui, mais il est mince, il est blond et il a les cheveux longs !
Juliette	Je déteste les cheveux longs ! Et puis, il s'habille mal !
Sophie	Oh ! tu exagères !

2

Yves	Est-ce que tu connais la sœur de Philippe ?
Guy	Un peu.
Yves	Elle est jolie ?
Guy	Elle est brune, avec des yeux verts et des cheveux courts.
Yves	Ah ! alors, elle est jolie !
Guy	Oui et non.
Yves	Oui et non ? Elle est grosse ?
Guy	Non, mais elle est grande...
Yves	Grande ?
Guy	Très grande... et très maigre.
Yves	Ah !

Dialogue 1 ▸▸

a. *Mike Trévort est* → *ingénieur ? chanteur ?*
b. *Sophie aime Mike Trévort* → *oui ? non ? Pourquoi ?*
c. *Juliette aime Mike Trévort* → *oui ? non ? Pourquoi ?*

Dialogue 2 ▸▸

a. *Yves parle de* → *la cousine de Philippe ? la sœur de Philippe ?*
b. *Yves connaît cette jeune fille* → *oui ? non ?*
c. *Guy trouve la jeune fille, jolie* → *oui ? non ? Pourquoi ?*

Vos résultats :

8 à 10 points : votre mémoire est excellente : bravo !

6 et 7 points : votre mémoire est bonne.

4 et 5 points : encore un petit effort !

0 moins de 3 points : recommencez !

Enquête

Toufo
le chat pirate
Georgui Konstantinov
NATHAN

aventure

Christophe
Colomb
Martine Sassier
Anne-Claude Martin

NATHAN

histoire

LE CARNET
NOIR
HYMAN
FROMENTAL

NATHAN

**roman
policier**

Les jeunes Français et la lecture

Document 1

a. *Livres : les jeunes Français préfèrent → l'aventure ? les romans ? la nature ?*

b. *Quel est le pourcentage des lecteurs d'auteurs classiques ?*

c. *Quels livres arrivent « ex œquo » ? Avec quel pourcentage ?*

Dialogue 2 ●●

a. *Jérôme lit → un roman ? une bande dessinée ?*

b. *Marion préfère → les B.D. ? les romans ? les romans policiers ?*

c. *Caroline regarde → un livre sur les animaux ? un livre d'aventures ?*

d. *Caroline cherche → des livres sur les animaux ? des romans policiers ?*

e. *Le vendeur est content → oui ? non ? Pourquoi ?*

1

Quels livres aiment les jeunes Français ?

Les livres sur les animaux, la nature	25,4 %
Les contes et légendes	18,8 %
Les livres d'aventure	15 %
Les livres-jeux	12,5 %
La science-fiction	4 %
L'histoire, la géographie	4 %
Les romans policiers	4 %
Les livres sur le sport	4 %
Les livres de sciences et de techniques	2,8 %
Les auteurs classiques	2,4 %

Sondage *Sofres* - Juillet 1988.

2

Jérôme	Ah ! Ah ! Ah ! Ce bouquin est vraiment drôle !
Marion	Une B.D. ? Bof ! Je n'aime pas les B.D. Je préfère les romans.
Caroline	Regardez ces photos d'animaux ! Elles sont superbes !
Marion	Vous vous dépêchez ?
Jérôme	Attends ! J'ai encore trois pages !
Caroline	Tiens ! Ils n'ont pas de romans policiers ?
Marion	Mais si ! là... sur le présentoir !
Vendeur	Vous cherchez quelque chose ?
Jérôme	Euh... non : on regarde...
Vendeur	Vous vous moquez de moi ? Ici, c'est une librairie... pas une bibliothèque !
Jérôme	Bon, bon, on s'en va, on s'en va.

Reportage

1

Sauver ou périr
C'est la devise des pompiers.
Il y a 20 000 pompiers
professionnels en France
(7 200 sapeurs-pompiers à Paris) et
208 000 volontaires.
Ils luttent contre le feu et les
grandes catastrophes, en France,
mais aussi à l'étranger : en trois
heures, hommes et matériel sont
prêts au départ !

Fédération des Sapeurs-Pompiers français.

Document 1
a. *Quel est le nombre de pompiers professionnels à Paris ?*
b. *Quel est le nombre de volontaires ?*
c. *Les pompiers français travaillent aussi à l'étranger → oui ? non ?*

Test Êtes-vous observateur ?

Identifiez les objets et placez-les sur le plan.
Attention ! Pour éviter un incendie, il y a des objets
qu'il ne faut surtout pas rapprocher. Lesquels ?
Trouvez le maximum de combinaisons.
Comptez un point par bonne réponse.

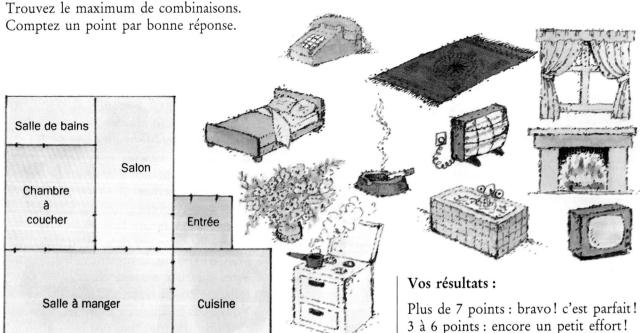

Vos résultats :

Plus de 7 points : bravo ! c'est parfait !
3 à 6 points : encore un petit effort !
Moins de 3 points : recommencez !

Aujourd'hui,
les pompiers luttent contre un incendie.
Demain,
ils vont sauver un automobiliste blessé
ou... dépanner un ascenseur
bloqué entre deux étages !

2

Pompiers-Cadets

En France, ils sont 11 497 jeunes volontaires (de 9 à 17 ans, filles et garçons, 9 % de filles).
Ils portent un uniforme et un casque et utilisent le matériel des pompiers professionnels.

Fédération des Sapeurs-Pompiers français.

En direct d'une caserne de pompiers à Marseille

3

Journaliste	Vous êtes un pompier professionnel : quel âge avez-vous ?
Pompier	23 ans.
Journaliste	Vous aimez votre métier ?
Pompier	C'est un métier difficile, mais passionnant ; on ne s'ennuie jamais.
Journaliste	Comment travaillez-vous ?
Pompier	Nous nous entraînons beaucoup. Et au premier coup de sirène, nous sommes prêts en quarante secondes !
Journaliste	Jour et nuit ?
Pompier	Jour et nuit, bien sûr !

Document 2
a. Qu'est-ce qu'un pompier-cadet ?
b. Quel est le nombre de pompiers-cadets ?
c. Une fille peut être pompier-cadet → oui ? non ?

Dialogue 3 👁👁
a. Le pompier interrogé aime son métier → oui ? non ?
b. Un pompier doit être prêt en → 1 heure ? 40 minutes ? 40 secondes ?

Entracte

1

Mike Trévort

La sœur de Philippe

2 **Le problème de Luc**

Sophie a 5 fois l'âge de Pilouface. Tante Louise a 18 fois l'âge de Pilouface.
Oncle Pierre a 4 fois l'âge de Sophie. L'âge de grand-père est égal à la somme des âges de Tante Louise et d'Oncle Pierre. Grand-père a 76 ans.
Quel est l'âge de Pilouface ? de Sophie ? de Tante Louise ? d'Oncle Pierre ?

3 **Poème** 👓

A noir,
      E blanc,
            I rouge,
                U vert,
                    O bleu : voyelles

Arthur Rimbaud, extrait de *Voyelles*.

4 **Chanson** 👓

A E I O U

Refrain

Ça commence comme ça :

A E I O U
Qu'est-ce qu'il dit ?

A E I O U

Écoutez la chanson et :

a. Repérez les mots suivants :
   Avignon - ici - où vas-tu - Si tu te... - tout
   ouïe - tu nous dis.
b. Classez-les selon l'ordre d'apparition.
c. Dans ces mots, écoutez les sons [i], [y], [u].

SOMMAIRE

*Lille
et son beffroi*

*Les soldes
aux Galeries
Lafayette*

*Drôle de tournée
pour le facteur*

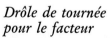

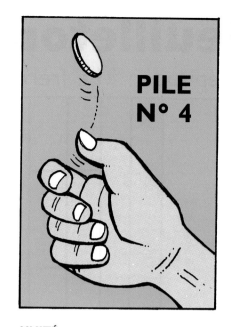

**PILE
N° 4**

Feuilleton .... «Luc, Alain,

4e épisode : «Le frère de Marion»

1

Marion	Tu manges à la cantine maintenant ?
Luc	Pendant un trimestre : ma mère travaille à l'hôpital de 10 heures à 16 heures. C'est bon ?
Marion	Peuh... Ça dépend des jours... Tu aimes la purée ?
Luc	Oui.
Marion	Eh bien ! tu vas être gâté ! Il y a de la purée tous les jours. Tu prends un plateau, des couverts et du pain... là-bas, et tu choisis.

2

Luc	On a droit à quoi ?
Marion	Regarde ! C'est marqué.
Luc	Ah ! aujourd'hui, on a de la galette et il n'y a pas de purée !
Marion	Oui, mais il y a des lentilles... c'est pareil. Je déteste les lentilles. Tu veux de l'eau ?

Caroline et les autres »

3

Luc	Dis, Marion, ton frère est toujours dans la police ?
Marion	Oui, maintenant il est inspecteur. Pourquoi ?
Luc	Je... je veux bavarder avec lui.
Marion	Pourquoi ?
Luc	Ben... euh... comme ça !
Marion	Bien, bien, je ne suis pas curieuse.
	Tu peux téléphoner à la maison ce soir !
	Il rentre vers 9 heures.
Luc	Merci !
Marion	Cachottier !
Luc	Je n'ai pas la fève. Dommage !

4

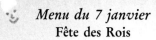

Menu du 7 janvier
Fête des Rois

Entrée au choix
Crudités
Salade

Plat
Saucisses aux lentilles

Dessert au choix
Fromage blanc
Yaourt
Fruits
Galette des Rois

Coup d'œil

On mange la galette des Rois le jour de l'Épiphanie, en janvier. On cache une fève dans la galette et on offre à chaque convive une part de galette : on «tire les Rois». Le convive qui trouve la fève est couronné roi de la fête. Il désigne une reine à qui il offre une couronne.

Dialogue I ••

a. La cantine, c'est → un restaurant en ville ? le réfectoire ? un café ?
b. Luc mange à la cantine : pourquoi ?
c. Marion aime les repas de la cantine → oui ? non ?

Dialogue 2 •• **et Document 4**

a. Le 7 janvier, il y a de la purée → oui ? non ?
b. Luc peut prendre :
une salade et des crudités → oui ? non ?
des saucisses et des fruits → oui ? non ?
des fruits et de la galette → oui ? non ?

Dialogue 3 ••

a. Le frère de Marion est → ingénieur ? commissaire ? inspecteur ?
b. Luc parle à Marion de son frère : pourquoi ?
c. Qu'est-ce que va faire Luc ?
d. Luc dit : «Je n'ai pas la fève. Dommage !» : pourquoi ?

Feuilleton *(suite)*

Document 5

a. Luc rencontre Laurent → chez lui ? dans un café ? Pourquoi ?
b. Où habite Luc ?
c. Que savez-vous maintenant du problème de Luc ?
d. Le problème de Luc est grave → oui ? non ?
e. Que doit faire Luc après l'entretien ? Pourquoi ?

5

Vendredi 11 janvier
Hier, j'ai rencontré Laurent,
le frère de Marion.
Place Dauphine.
A la terrasse d'un café.
Il faisait beau, presque chaud.
Moi, j'ai commandé un jus de
fruits ; lui, une bière. Il a écouté
mon histoire.
– Les hommes devant ton
immeuble, ils sont combien ?
– Deux : un le matin, l'autre
l'après-midi et le soir.
– Où habites-tu ?
– Treize, rue Daubier.
– A côté du centre commercial ?
– Oui.
– Ça a commencé quand ?
– En Novembre.

A la fin, il a demandé :
– Tu as raconté ton histoire à
quelqu'un ?
– Non, à personne.
– Bien ! Alors, maintenant, tu
oublies tout.
– C'est grave ?
– Peut-être.
Je n'ai pas parlé d'Alain.
C'est bête... mais je n'ai pas pu.
Je ne sais pas pourquoi...

· · · · · · · · ·

Événement

Aux Grands Magasins
il n'y a pas de temps à perdre,
il y a des affaires à faire !

> *– 20 %*
> *sur les vêtements*
> *« homme-femme »*
> *et sur les*
> *accessoires*

Semaine de soldes aux Grands Magasins

4e étage

3e étage

2e étage

1er étage

4e étage
une chemise
un chemisier
un T-shirt
des chaussures
des bottes
des baskets

3e étage
une robe
une jupe
un manteau
un imperméable
un blouson
une veste
un pull
un costume
un pantalon
des jeans

2e étage
un sac
un parapluie
une cravate

> *À quel étage*
> *pouvez-vous acheter* ●●
> *a. une robe ?*
> *b. une cravate ?*
> *c. un jean ?*
> *d. un manteau ?*
> *e. des gants ?*
> *f. un pantalon ?*
> *g. des chaussures ?*
> *h. un T-shirt ?*

1er étage
un chapeau
des gants
des chaussettes

Enquête

Françoise Martin, 13 ans.

1

Journaliste   Madame, votre fille a 13 ans et elle est mannequin?

Mme Martin   Eh oui!

Journaliste   Comment a-t-elle commencé?

Mme Martin   Par hasard... À 10 ans, elle a gagné un concours de photos...

Journaliste   Et elle a continué?

Mme Martin   Oui, elle est jolie... regardez!

Journaliste   Elle va au collège?

Mme Martin   Bien sûr, et elle travaille très bien!

Journaliste   Je peux parler à votre fille?

Mme Martin   Elle arrive : elle se lave les cheveux. À 10 heures, nous avons une séance de photos pour *Ado-Magazine.*

Profession : mannequin

2

Journaliste	Françoise, c'est difficile d'être mannequin?
Françoise	Oui! Les séances de photos surtout! «Dépêchez-vous! on est en retard!», «Lève-toi, on n'a pas fini!», «Marche!», j'entends ça tout le temps! Et puis, il faut toujours sourire!
Journaliste	Vous aimez ce métier?
Françoise	C'est amusant d'avoir sa photo dans un magazine... et, quelquefois, je garde une robe ou des chaussures.
Journaliste	Vous gagnez de l'argent?
Françoise	Demandez à maman!
Journaliste	Vous allez aussi au collège : comment faites-vous?
Françoise	Je fais les photos après l'école et le mercredi. Je travaille beaucoup.
Journaliste	Plus tard, vous voulez être mannequin?
Françoise	Oh! non! Je veux être médecin!

Dialogue 1 🔵🔵

a. Françoise a commencé par → un film?
un concours de photographies?
b. Elle va au collège → oui? non?
c. Elle se lave → les dents?
les mains? les cheveux?

Dialogue 2 🔵🔵

a. Être mannequin,
c'est difficile → oui? non? Pourquoi?
b. Les séances de photos sont
difficiles → oui? non? Pourquoi?
c. Quand Françoise fait-elle des photos?
d. Plus tard, Françoise veut être → mannequin?
médecin? chanteuse?

Vie pratique

À la poste à Lille

1

Cliente	Deux timbres pour l'Argentine, s'il vous plaît !
Employé	Pour des cartes postales ?
Cliente	Non, pour cette lettre.
Employé	Par avion ?
Cliente	Oui. Ah ! Je préfère des timbres de collection.
Employé	Voilà. Ça fait 5,60 F... Oh ! Un billet de 500 ! Vous n'avez pas de monnaie ?
Cliente	Non ! Désolée ! Je n'ai pas un sou !
Employé	Tant pis ! 5,60 F, 6 F, 10... 50... 100... et 400... 500.
Cliente	Merci.

2

Client	Je veux téléphoner à Rome.
Employée	Quel est votre numéro ?
Client	607 805.
Employée	Cabine 3, décrochez ! Vous faites le 19, le 39, le 1 puis votre numéro.

3

NODIER Jacques
4, av. Hoche, 8e . . . . (I) 42 50 60 85
» **Jeannot**
4, r. Nantes, 19e . . . . (I) 43 01 72 76
» **Jean-Louis**
60, r. Legendre, 17e . . . . (I) 42 66 14 07
NODIÈRE Denis
13, r. Vistule, 13e . . . . (I) 45 79 93 62
NODIN Arlette
44, r. Vivienne, 2e . . . . (I) 45 61 72 33
» **Jacques**
32, r. Fleurus, 6e . . . . (I) 46 32 80 26
» **Madeleine**
73, r. Claude-Bernard, 5e . . . . (I) 45 39 78 07
NODJIGOTO Ndjekoulbam
11, av. Gambetta, 20e . . . . (I) 43 48 15 31
NODOT André
34, r. Montagne-Ste-Geneviève, 5e . (I) 45 02 80 26
NOË Alberto
25, r. Cléry, 2e . . . . (I) 45 33 77 10

D'après l'annuaire téléphonique.

Dialogue 1 🔊

a. La cliente veut des timbres pour → l'Allemagne ? l'Argentine ? l'Autriche ?

b. Elle envoie → des cartes postales ? une lettre ? un télégramme ?

c. Elle a de la monnaie → oui ? non ?

Document 3

a. Comment s'appelle l'abonné qui a pour numéro (1) 45 02 80 26 ?

b. Vous recherchez « NODIN » : quelles adresses trouvez-vous ?

c. Vous recherchez « NODIER » : combien de personnes portent ce nom ?

Coup d'œil

Avec le Minitel, relié au téléphone :
on peut passer des commandes,
des petites annonces ;
on peut demander des informations.
8 millions de Français utilisent
5 millions de Minitels.

4

Cliente	Avez-vous un annuaire, s'il vous plaît ?
Employé	Pour quel département ?
Cliente	L'Isère.
Employé	Par noms ou par professions ?
Cliente	Par noms !
Employé	Vous pouvez utiliser ce Minitel.
Cliente	Je fais comment ?
Employé	Vous lisez les instructions sur l'écran : c'est facile !
Cliente	Je vais essayer.

Dialogue 4 ••

a. La cliente veut un annuaire → par professions ? par noms ? par rues ?
b. Elle cherche un numéro → à Paris ? en province ?
c. Elle sait utiliser un Minitel → oui ? non ?
d. L'employé lui explique comment utiliser le Minitel → oui ? non ? Pourquoi ?

Dialogue 5 ••

a. Comment est formé le mot « télécarte » ?
b. Combien coûte une carte de cinquante unités ?

5

Client	Je voudrais une télécarte.
Employée	De 50 ou de 120 unités ?
Client	Combien coûte la carte de 50 unités ?
Employée	40 F.
Client	Alors une carte de 50 unités.

Entracte

1 Choisissez leurs vêtements :

Nathalie

Charlotte

Éric

Armand

Tirez au sort un personnage, un climat et un lieu. Choisissez une garde-robe parmi les vêtements vendus en soldes aux Grands Magasins (p. 39).

Exemple : Nathalie - A - d = Il fait chaud. Pour aller au théâtre, Nathalie met (Nathalie porte)...

A

B

C

a   À la maison

b   Au bureau

c   En vacances

d   Au théâtre

2 Poème : La chanson de Gavroche...

On est laid à Nanterre,
C'est la faute à Voltaire,
Et bête à Palaiseau,
C'est la faute à Rousseau.

★

Je ne suis pas notaire,
C'est la faute à Voltaire,
Je suis petit oiseau,
C'est la faute à Rousseau.

Joie est mon caractère,
C'est la faute à Voltaire,
Misère est mon trousseau,
C'est la faute à Rousseau.

★

★

Je suis tombé par terre,
C'est la faute à Voltaire,
Le nez dans le ruisseau,
C'est la faute à...

Victor Hugo, *Les Misérables*.

3 Chanson

Toi et moi

Refrain

Toi et moi, c'est toujours dangereux !
Toi et moi, y'a pas d'vacances.
Toi et moi, c'est l'huile sur le feu,
Toi et moi, c'est une urgence !

Écoutez la chanson et :
a. *Repérez les mots suivants : bouge - dépêche-toi - huile - moi - vacances - viens - vivre - voix.*
b. *Classez-les selon l'ordre d'apparition.*
c. *Dans ces mots, écoutez les sons [b], [v], [ɥi], [wa].*

SOMMAIRE

Un port de pêche
en Bretagne

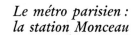

Dans la rue,
le distributeur de billets
d'une grande banque

Le métro parisien :
la station Monceau

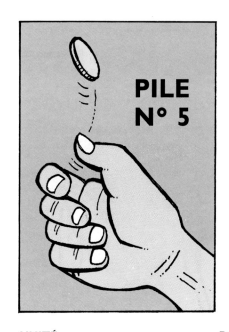

PILE N° 5

Feuilleton .... « Luc, Alain,

5ᵉ épisode : « Sauvez les phoques ! »

1

2

Marion	Il faut des volontaires pour coller les affiches de l'A.S.P.A.
Rachid	Elles sont comment les affiches, cette année ?
Marion	Ben, avec un phoque...
Jérôme	Montre !
Caroline	Beuh ! Ce n'est pas un phoque, c'est un éléphant !
Jérôme	Elles sont affreuses !

Marion	Belles ou pas belles, on doit coller ces affiches ! Rachid, tu vas chez les commerçants du quartier ?
Rachid	D'accord ! On fait ça ensemble, Jérôme ?
Jérôme	Je veux bien... mais ce phoque est vraiment moche !
Caroline	Il y a aussi le marché, dimanche matin.
Marion	Ça, c'est une bonne idée.

Caroline et les autres »

Association pour le sauvetage
des phoques de l'Arctique
(A.S.P.A.)

En 1950, ils étaient 50 000.
Aujourd'hui, ils sont 5 000.
Sauvez les phoques
de la banquise !

3	(Dans une épicerie)
Rachid	Bonjour Madame, on peut mettre une affiche de l'A.S.P.A. sur la porte ?
L'épicière	C'est quoi, l'A.S.P.A. ?
Jérôme	Euh… C'est une association…
L'épicière	D'accord ! Il est mignon cet éléphant !
4	(Au marché.)
Caroline	Monsieur, vous voulez une affiche pour sauver les phoques ?
Le fromager	Ah non ! Je déteste les animaux.

Dialogue I ●●

a. Marion a besoin de volontaires :
   pourquoi ?
b. Le dessin du phoque est beau → oui ?
   non ?

Dialogue 2 ●●

a. Rachid s'occupe → des élèves
   du collège ?
   des commerçants du quartier ?
b. Rachid fait équipe avec → Alain ?
   Jérôme ? Luc ?
c. Caroline propose le marché : pourquoi ?

Dialogue 3 ●●

L'épicière prend l'affiche → oui ? non ?
Pourquoi ?

Dialogue 4 ●●

Le fromager prend l'affiche → oui ?
non ? Pourquoi ?

Document 5

a. L'A.S.P.A. est une association
   pour défendre les phoques
   → de l'Arctique ? de l'Antarctique ?
b. Il faut sauver les phoques : pourquoi ?

Feuilleton *(suite)*

6

le 15 mai

Salut mon vieux !

Je pars en avion avec mes parents. On a un problème (un gros !). Mais ne t'inquiète pas !

Maman a prévenu le collège. J'ai laissé toutes mes affaires ici. Tu peux te servir de l'ordinateur et des jeux. Demande la clef de l'appartement à la gardienne. Je te téléphone dès que je peux.

Adieu !

Dan i

Jeudi 16 mai

Alain n'était pas chez lui quand je suis rentré. L'homme au blouson noir a disparu. Sous ma porte, j'ai trouvé une enveloppe avec une lettre, Dan. I, c'est notre code secret : Danger Immédiat.

Alain est sûrement en danger ! Il est parti ! Mais pourquoi ? et où ?

Pourquoi est-ce que je n'ai pas parlé de lui à Laurent ? Maintenant, c'est trop tard !

(Nota : Pat est au lit. Elle est malade. Elle a de la fièvre. Le médecin est venu hier soir. Elle a une angine. C'est contagieux ! – Moi, ça m'est égal, mais Martine, elle, est très froussarde. Comme ça, pas de Martine à la maison pendant une semaine ! – Elle est vraiment trop bête, cette fille ! – Pat est douillette et surtout elle n'aime pas l'école, cette année. Moi aussi, j'ai presque 38° et j'ai mal à la gorge, mais je ne dis rien... Et je vais en classe !)

Document 6

a. Alain n'était pas chez lui : pourquoi ?
b. Luc est inquiet : pourquoi ?
c. Luc regrette de ne pas avoir parlé d'Alain à Laurent : pourquoi ?
d. Que signifie « DAN.I. » ?
f. Patricia est malade : qu'est-ce qu'elle a ?
g. Luc trouve Patricia « douillette » : pourquoi ?
h. Que savez-vous de Martine ?
i. Luc est malade : qu'a-t-il ?

• • • • • • • • •

Événement

1

Journaliste	Monsieur le Maire, le centre sportif de Pordec ouvre ses portes aujourd'hui...
Le maire	Oui, c'est un très beau centre!
Journaliste	Ses activités s'adressent aux jeunes de Pordec?
Le maire	Surtout aux jeunes : nous leur offrons une piscine, cinq salles d'entraînement, des tables de ping-pong et, à partir de mars, des stages de planche à voile et de catamaran.
Journaliste	Merci monsieur le Maire et bonne chance au centre sportif de Pordec!

**Ouverture
du centre sportif
de Pordec
en Bretagne**

2

Journaliste	Vous êtes de Pordec?
Tous	Oui, oui, on est d'ici!
Journaliste	Vous êtes contents du nouveau centre sportif?
1er jeune	Ben, faut voir...
Journaliste	Comment ça?
1er jeune	Ça va dépendre des prix... On attend les tarifs pour les jeunes.
2e jeune	Prenez les cours de judo : ils coûtent 300 F par mois! Et la piscine, 250 F.
3e jeune	Pour la planche à voile, c'est 50 F de l'heure : c'est trop cher!
Journaliste	Je comprends... Et avant, vous pouviez faire du sport à Pordec?
3e jeune	Au collège, un peu. Et on joue dans la rue ou sur la plage... Quand il ne pleut pas!

Dialogue 1 🔊

a. *Le maire est content → oui? non? Pourquoi?*
b. *À qui s'adresse le centre sportif?*
c. *Quelles sont les installations actuelles du centre?*
d. *Quelles sont les installations prévues pour l'été? Pourquoi?*

Dialogue 2 🔊

a. *Les jeunes de Pordec sont contents → oui? non? Pourquoi?*
b. *Ils font beaucoup de sport → oui? non?*
c. *Qu'attendent-ils?*
d. *Comparez les réactions du maire et des jeunes de Pordec.*

Enquête

Les jeunes Français et leur argent de poche

1

• Les 8-10 ans reçoivent en moyenne 37 F d'argent de poche par mois.

• Les 11-14 ans : 75 F.

62 % préfèrent l'argent aux cadeaux. 66 % ont un livret de Caisse d'Épargne... les autres, une tirelire !

Institut de l'enfant, 1986.

2

Ne cherchez pas où passe leur argent !

Dans les bonbons et autres sucreries achetées à la pièce à la sortie de l'école.

Dans les petites bricoles pas chères (petits personnages, albums, etc.)

Dans les cadeaux pour Noël, la fête des Mères, la fête des Pères, les anniversaires. (Les enfant dépensent en cadeaux la moitié de leur budget.)

D'après Mon enfant et l'école, Guides Parents, © Éd. Hachette.

3

(Un journaliste de Pile ou Face *interroge Delphine et Gérard.)*

Journaliste	Vos parents vous donnent de l'argent de poche ?
Delphine	Oui, 30 F, 50 F, ça dépend !
Journaliste	Et vous ?
Gérard	Non. Mes parents sont contre : je leur demande quand je veux quelque chose.
Journaliste	Et vous leur demandez souvent ?
Gérard	Oui, pour les gros trucs. Pour le reste je me débrouille.
Journaliste	Qu'est-ce que vous faites ?
Gérard	Je promène le chien d'un voisin et je fais des courses pour une vieille dame !

4

Le troc

J'échange... tu échanges... il échange...
Le troc commence à la maternelle. Il
est monnaie courante à l'école. Les
cours de récréation ressemblent fort
aux marchés internationaux !

D'après *Mon enfant et l'école*, Guides Parents,
© Éd. Hachette.

5

Chantal	Tu sais, ton pull bleu, il me plaît beaucoup !
Valérie	On échange ?
Chantal	Chiche ! Tu veux mon T-shirt vert ?
Valérie	Tu es folle ! Ton T-shirt ? Moi, mon pull, c'est un cadeau de ma mère.
	Il coûte 150 F, au moins ! Et un T-shirt, ça vaut 70 F, 80 F au maximum !
Chantal	Ça ne va pas, non ? Mon T-shirt vert, il coûte 120 F, chez Zaza, et il est de cette année !
	Ton pull, il a au moins trois ans !
Valérie	Deux ans ! Et ça : tu as payé ça combien ?
Chantal	Mon écharpe ? 30 F, je crois.
Valérie	Alors, je te donne mon pull, mais tu me donnes ton T-shirt **et** ton écharpe.
Chantal	Bon... d'accord !

Document 1
a. *Un enfant français de 9 ans reçoit chaque mois →37 F ? 75 F ?*
b. *Un adolescent de 13 ans reçoit 75 F → par semaine ? par mois ?*
c. *Les jeunes Français préfèrent recevoir → des cadeaux ? de l'argent ?*

Document 2
a. *Qu'est-ce que les jeunes Français font de leur argent de poche ?*
b. *Combien dépensent-ils pour les cadeaux ?*

Dialogue 3 🔘🔘
a. *Delphine reçoit de l'argent de poche → oui ? non ?*
b. *Gérard reçoit de l'argent de poche → oui ? non ?*
c. *Les parents de Gérard lui achètent tout →oui ? non ?*
d. *Comment Gérard se débrouille-t-il ?*

Document 4
a. *Les jeunes Français font du troc → un peu ? beaucoup ?*
b. *Où font-ils du troc ?*

Dialogue 5 🔘🔘
a. *Valérie accepte d'échanger son pull
    contre le T-shirt de Chantal → oui ? non ? Pourquoi ?*
b. *Quelle solution propose Valérie ?*
c. *Chantal accepte → oui ? non ?*

Reportage

LOUVRE : la station du musée
(Ligne 1, Pont de Neuilly-Château de Vincennes)
Les antiquités égyptiennes, grecques, latines et
les statues du Moyen Âge attendent le voyageur.

1

Coup d'œil

On peut se perdre dans les 366 stations du
métropolitain parisien (le métro).
Chaque jour, les Parisiens font en moyenne
4 500 000 voyages (soit 1,2 milliard de voyages par
an).
300 policiers de la RATP assurent la sécurité des
voyageurs.
Le RER (Réseau Express Régional) fait la liaison
avec la proche banlieue.

Extrait de *20 ans*. Mars 1989.

2

Beau comme le métro

Difficile à croire...
Pourtant certaines stations parisiennes
ressemblent à des musées.

Document 1

a. *Quel est le nombre de stations de métro ?*
b. *Combien de voyages les Parisiens font-ils chaque jour ?*
c. *Comment s'appelle le métro reliant Paris à sa banlieue ?*

Document 2

a. *Quelle station évoque la Révolution française ?*
b. *Quelle station porte le nom d'un musée ?*

Dialogue 3 🔵🔵

a. *Francis joue → de la guitare ? du saxophone ? du violon ?*
b. *Il joue pour payer → son loyer ? ses cours de théâtre ?*
c. *Avant, il était → serveur ? facteur ? musicien ?*
d. *Au début, il avait honte : pourquoi ?*
e. *Il aime jouer dans le métro → oui ? non ? Pourquoi ?*

Document 4

Pourquoi trouve-t-on des commerces dans le métro ?

BASTILLE : une station historique
(prise de la Bastille, 14 juillet 1789)
(Ligne 8, Balard-Créteil.)
La décoration de la station représente
les personnages et les événements
de la Révolution française.

En direct du métro de Paris

3

Métro en musique

(Rencontre avec un jeune musicien.)

Journaliste Vous jouez du saxophone dans le métro : pourquoi ?
Francis Pour payer mes cours de théâtre. Et puis, j'aime ça !
Journaliste Vous venez ici chaque jour ?
Francis Oui. Avant j'étais serveur dans un restaurant.
Je préfère la musique.
Journaliste C'est difficile ?
Francis Au début, je portais des lunettes noires parce que j'avais honte.
Je jouais très mal.
Journaliste Et maintenant ?
Francis Écoutez !
Journaliste Vous avez une station préférée ?
Francis Oui, ce couloir de la station Étoile. Il y a beaucoup de monde :
des voyageurs pressés, fatigués...
alors je leur donne un peu de poésie, un peu de rêve.

4

Services à la carte

Des commerces très nombreux sont installés
dans le métro.
À la station Porte Maillot, une machine
automatique distribue du pain frais, et à la
station Parmentier, vous apprenez tout sur la
pomme de terre.

Extrait de 20 ans.

Entracte

1 Énigme

Julie veut ouvrir la tirelire de sa petite sœur. Mais la serrure fonctionne avec une combinaison de dessins. Aidez-la à trouver la bonne combinaison grâce aux indices suivants :

X l'objet est bien placé
O l'objet est mal placé

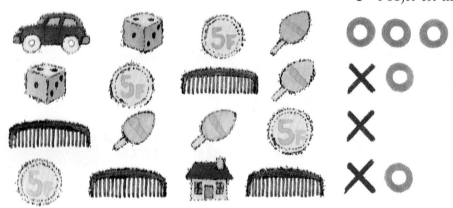

Jeu tiré de *Science et Vie Junior*.

2 Poème

C'était, dans la nuit brune,
Sur le clocher jauni,
　　La lune
Comme un point sur un i.

★

Lune, quel esprit sombre
Promène au bout d'un fil,
　　Dans l'ombre,
Ta face et ton profil ?

Alfred de Musset, extrait de
La Ballade à la lune.

3 Ils ne parlent pas : pouvez-vous les comprendre ?

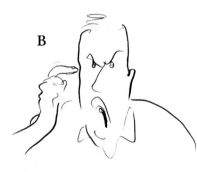

A

B

4 Chanson

Jour après jour

Refrain

Jour après jour, (*bis*)
Si un jour tu veux vivre heureux,
Il faut tout donner pour l'amour.

Écoutez la chanson et :

a. Repérez les mots suivants :
Champs-Élysées - deux amoureux -
fleurissent - je vous invite - jours -
marcher - vieux monsieur.

b. Classez-les selon l'ordre
d'apparition.

c. Dans ces mots, écoutez les sons
[ø], [œ], [ʃ], [ʒ].

SOMMAIRE

Dijon : au-dessus des toits

Jeunes Européens

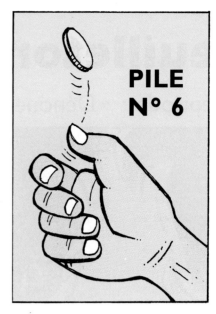

PILE N° 6

Un amour de chien

Feuilleton .... « Luc, Alain,

6ᵉ épisode : « Dénouement »

1

Rachid	Vous connaissez la nouvelle ? Alain est rentré à la Martinique !
Jérôme	Comme ça ? Sans prévenir ?
Marion	Sans nous dire au revoir ?
Caroline	Sans finir les cours ?
Marion	Luc, toi, bien sûr, tu savais…
Luc	Euh, oui, oui, je savais. Je savais… tout ! Et regardez, c'est écrit dans le journal :

2

Grave accident au C.R.A. de Fort-de-France

Tous les ingénieurs du Centre de Recherche Avancée de Fort-de-France, rappelés d'urgence, luttent contre les risques d'explosion.

Luc Ses parents travaillent tous les deux au C.R.A., alors…

Caroline et les autres »

5

Samedi 1er juin
Je suis triste. Très triste.
Sans Alain, je m'ennuie.
J'ai reçu une lettre de lui.
Il s'ennuie aussi. Je vais aller
à Fort-de-France l'année
prochaine. C'est juré !

3

Marion	Alors, on part tous en vacances à la Martinique ?
Jérôme	Chiche !
Caroline	Partez sans moi ! Je n'aime pas l'avion. Je reste en France.
Rachid	Mais tu n'as pas besoin de prendre l'avion : ferme les yeux… écoute ! Tu n'entends pas le bruit des vagues ?

4

Marion	On est sur un grand voilier…
Jérôme	L'eau est transparente…
Caroline	Oh ! La mer des Caraïbes… que c'est beau !
Luc	Tu vois les poissons de toutes les couleurs ?
Marion	Attention aux requins !
Rachid	Ce soir, on va camper sur la plage, sous des cocotiers plus hauts que des maisons !
Jérôme	Et le ciel, vous avez vu le ciel ?
Caroline	Il y a des milliers d'étoiles…
Tous	Vive les vacances !

Dialogue I
a. *Qu'est-ce que Rachid annonce à ses amis ?*
b. *Pourquoi sont-ils étonnés ?*
c. *Luc savait-il vraiment « tout » ? Pourquoi ?*

Document 2
Pourquoi Alain est-il rentré à la Martinique ?

Dialogue 3
Caroline ne veut pas aller à la Martinique : pourquoi ?

Dialogue 4
Les amis rêvent : décrivez ce qu'ils « voient ».

Document 5
a. *Luc s'ennuie : pourquoi ?*
b. *Quelle décision prend-il ?*

Feuilleton *(suite)*

Document 6

a. *Qu'est-ce que Luc apprend dans le journal ?*

b. *Il se sent en danger → oui ? non ? Pourquoi ?*

Document 7

a. *L'accident du C.R.A. est grave → oui ?
non ? Pourquoi ?*

b. *Quelle nouvelle Alain annonce-t-il à Luc ?*

c. *C'est une « grande » nouvelle : pourquoi ?*

d. *Quels sont les projets d'Alain pour la prochaine rentrée ?*

e. *Que doit faire Luc ?*

f. *À votre avis, Luc est content → oui ? non ? Pourquoi ?*

6

*Lundi 10 juin
J'ai acheté ce matin
"Les Nouvelles du 12ᵉ" à cause
du titre :*

Le gang du 12e arrêté.
Depuis plusieurs mois, une bande de malfaiteurs préparait une série de cambriolages dans notre quartier. Deux hommes chargés de repérer les lieux ont été arrêtés jeudi dernier. Ils ont avoué. Leurs complices sont en prison...

*C'était donc ça : le gang du 12ᵉ.
Alain n'était pas en danger.
Mais moi, maintenant,
j'ai peur : j'ai prévenu la police !
Je comprends le frère de Marion.
Ne rien dire. A personne !
Jamais.*

7

Sainte Marie le 30. 6.

*Je t'écris de Sainte Marie.
La plage est splendide : tu peux la voir par cette carte. On a évité la catastrophe au C.R.A., mais il y a quand même trente-cinq blessés !
Maintenant, une nouvelle :
UNE GRANDE NOUVELLE !...Devine !
Mes parents vont travailler en France l'année prochaine. On les renvoie à Paris, dans le labo du C.R.A. On va avoir le même appartement que l'année dernière. Et je continue à Jules Ferry. Préviens les copains !
J'arrive en France le 25 août !
Réponds-moi vite !
Salut !!*

Alain

*Monsieur Luc Durand
13 rue Daubier
75012 Paris
France*

• • • •

Enquête

Les jeunes Français et les animaux

1

**Les animaux familiers
de 58 000 000 de Français**
7,5 millions de chats.
10,1 millions de chiens.
9 millions d'oiseaux.
12,6 millions de hamsters et divers :
tortues, souris blanches, lapins, chevaux...
...et 370 000 serpents !

Le Point, n° 924, juin 1990.

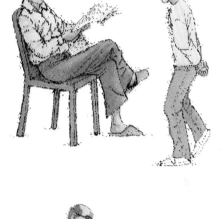

2

Marc	Dis, papa, tu m'achètes un chien ?
M. Lambert	Un chien dans un appartement ? C'est impossible !
Marc	Mais papa, tous mes copains ont des chiens...
M. Lambert	Et tu t'occuperas de lui ?
Marc	Mais oui, bien sûr ! Je le soignerai...
M. Lambert	Et tu le promèneras **tous** les jours !
Marc	Tu peux compter sur moi ! C'est promis !

3

(Quelques jours plus tard.)

M. Lambert	Marc, Fix a besoin de sortir : descends-le !
Marc	Je n'ai pas le temps, papa !
	Demain, j'ai une interro de maths : je dois réviser !

4

Un voisin	Bonsoir monsieur Lambert ! Quelle pluie !
	Tiens, vous avez un chien ? Je ne savais pas...
M. Lambert	C'est le chien de mon fils ! Silence, Fix, tais-toi !

Document 1
a. Les Français ont beaucoup d'animaux → oui ? non ?
b. Quels sont les animaux les plus nombreux ?
c. Quels sont les animaux les plus inattendus ?

Dialogues 2 à 4 ●●
a. Que veut Marc ? Pourquoi ?
b. Le père de Marc est d'accord
   avec son fils → oui ? non ? Pourquoi ?
c. Qu'est-ce que Marc promet à son père ?
d. Est-ce qu'il tient parole ? Pourquoi ?

Vie pratique

À la gare de Dijon

Horaire
DU 30 Sept. 1990
AU 01 Juin 1991

SNCF
Cette fiche ne comporte que les trains d'un seul sens

Paris – Marseille
- Paris
- Dijon
- Mâcon
- Lyon
- Vienne
- Valence
- Arles
- **Marseille**

Cette fiche ne comporte que les horaires pour les relations au départ d'une localité ● à destination des localités

520A

1

Voyageur   Je voudrais l'horaire des trains pour Marseille, s'il vous plaît !
Employée   Vous trouverez des dépliants sur les présentoirs, à côté du guichet.
Voyageur   Ah ! Merci.

2

Voyageuse   Un billet de deuxième classe pour Paris, s'il vous plaît.
Employé   Aller simple ?·
Voyageuse   Non, aller-retour. Je peux réserver ma place pour l'aller ?
Employé   Quand partez-vous ?
Voyageuse   Dimanche prochain.
Employé   On sera le 20 juin. À quelle heure ?
Voyageuse   Vers cinq heures.
Employé   C'est un TGV. Départ de Dijon à 16 h 55, arrivée à Paris à 18 h 35 ?
Voyageuse   C'est ça ! En compartiment non fumeurs, s'il vous plaît.
Employé   Ça vous fait 354 F madame... merci ! Voilà vos billets.

3

**1 enfant, 1 carte Kiwi
et on voyage à moitié prix**

La carte Kiwi est établie au nom de l'un
de vos enfants de moins de 16 ans.
Elle le fait bénéficier de la réduction de 50 %
ainsi que la ou les personnes
qui l'accompagnent
(quatre au maximum).

N'oubliez pas de composter votre billet !

4

Le mari	Qu'est-ce qu'il dit ? Qu'est-ce qu'il dit ?
La femme	Le train fait du 300 à l'heure !
Le mari	On n'arrivera pas à l'heure ?
La femme	Mais si, mais si, au contraire : on arrivera à l'heure... pile !

Dialogue 1 📼

a. *Le voyageur veut → un billet ? une publicité ? un horaire ?*
b. *Il veut aller à → Marseille ? Grenoble ? Besançon ?*

Dialogue 2 📼

a. *La voyageuse veut → un billet ? plusieurs billets ?*
b. *Elle va à → Marseille ? Lyon ? Paris ?*
c. *Elle revient à Dijon → oui ? non ?*
d. *Elle fume → oui ? non ?*

Document 3

a. *Qui peut bénéficier d'une carte Kiwi ?*
b. *Quel avantage offre la carte Kiwi ?*
c. *Combien de personnes peuvent profiter de cette carte ?*

Dialogue 4 📼

a. *À qui s'adresse le message ?*
b. *Le TGV roule à → 200 km/heure ? 250 km/heure ? 300 km/heure ?*
c. *Le train va arriver à l'heure → oui ? non ?*

Événement

1

Journaliste   La France organise une «rencontre des jeunes Européens» :
qui seront les participants à cette journée ?

Organisateur   Les délégués — 48 jeunes de 12 à 16 ans — viendront des douze pays
de la Communauté européenne.

Journaliste   Quel sera le thème de la rencontre ?

Organisateur   L'Europe vue par nous, les jeunes : nos problèmes et nos espoirs.

Journaliste   Une journée, c'est peu !

Organisateur   Oui, mais c'est une première étape. Et une étape importante.
Pour nous connaître et apprendre à travailler ensemble.

Journaliste   Et, d'après le programme de la rencontre, pour manger ensemble !

Organisateur   Oui, vous avez raison, nous mangerons beaucoup... et bien ! Mais vous savez...
nous sommes en France !

À Paris :
La rencontre des jeunes Européens

2

Programme de la rencontre

 8 h 30   Réception par le maire de Paris. Petit déjeuner à l'Hôtel-de-Ville.
10 h 00   Séance de travail : Les jeunes et l'Europe d'aujourd'hui (à la Cité des Sciences).
12 h 30   Déjeuner sur un bateau-mouche.
14 h 30   Séance de travail : Les jeunes et l'Europe de demain (à la Cité des Sciences).
18 h 30   Réception au ministère des Affaires européennes.
20 h 00   Dîner à la tour Eiffel.

3

Manger du matin au soir : bon appétit !

 7 h 00   Breakfast anglais
 7 h 30   Petit déjeuner français
 8 h 00   Café fort espagnol
10 h 00   Pause café anglaise
12 h 30   Déjeuner français
          Casse-croûte danois
          Casse-croûte allemand
13 h 30   Déjeuner italien
14 h 00   Déjeuner espagnol
15 h 00   Casse-croûte grec
16 h 00   Goûter français
17 h 00   Thé anglais
18 h 00   Tartines danoises (dîner)
18 h 30   Tartines allemandes (dîner)
19 h 00   Dîner anglais
20 h 00   Dîner français
22 h 30   Dîner espagnol

4
Coup d'œil

Dans les 12 pays de la Communauté européenne, on parle 9 langues officielles et de nombreuses langues régionales.

C'est une difficulté pour la C.E.E., mais c'est aussi une richesse : en apprenant les langues de nos voisins européens, nous découvrons leur façon de vivre, leur culture.

Dans les lycées de la C.E.E., on enseigne au moins deux langues étrangères aux élèves. Des programmes communs comme Erasmus ou Comett encouragent les jeunes à suivre des études ou des stages d'entreprises dans toute la Communauté.

Extrait de *Mikado*, 1990, © Éd. Milan.

Dialogue 1 ●●
a. *Quel pays organise la rencontre ?*
b. *Qui participe à la rencontre ?*
c. *Combien de temps dure la rencontre ?*
d. *Pourquoi cette rencontre ?*

Document 2
a. *La journaliste parle des repas : pourquoi ?*
b. *Combien d'heures les participants travailleront-ils ?*

Document 3
a. *Dans quels pays de la C.E.E. faut-il aller pour → prendre un café à 8 heures ? dîner à 18 heures ? déjeuner à 12 h 30 ? prendre le thé à 17 heures ?*
b. *À quelle heure mange-t-on dans votre pays ?*

Document 4
a. *Quel est le nombre des pays de la C.E.E. ?*
b. *Combien de langues officielles parle-t-on dans la C.E.E. ?*

Entracte

1 **Test : Connaissez-vous la C.E. ? Comptez un point par réponse exacte :**

1. La Commission européenne est à : Paris ? Strasbourg ? Bruxelles ? Londres ?
2. Le Parlement européen est à : La Haye ? Strasbourg ? Bruxelles ? Londres ?
3. Le «père de l'Europe», c'est : Winston Churchill ? Napoléon Ier ? Jean Monnet ?
4. Le traité de Rome qui crée l'Europe a été signé en : 1945 ? 1951 ? 1981 ? 1992 ?
5. La date de la suppression des frontières douanières entre les pays de la C.E. est le 1er janvier : 1951 ? 1981 ? 1993 ?
6. Combien de pays ont signé le traité de Rome : 3 pays ? 6 pays ? 9 pays ? 12 pays ?
7. La C.E. compte actuellement six monarchies : quels sont ces pays ?
8. La fusée européenne s'appelle : Explorer ? Hermès ? Ariane ? Titan ?
9. Airbus est une réalisation européenne, c'est : un autobus ? un train ? un avion ?
10. Quel est le plus petit pays de la C.E. : la Belgique ? l'Irlande ? le Luxembourg ?

Vos résultats :
Plus de 7 points : bravo !
4 à 7 points : encore un petit effort !
Moins de 4 points : recommencez !

2 **Poème**

Le ciel est, par-dessus le toit,
    Si bleu, si calme !
Un arbre, par-dessus le toit,
    Berce sa palme.
La cloche, dans le ciel qu'on voit
    Doucement tinte
Un oiseau sur l'arbre qu'on voit
    Chante sa plainte.
Mon Dieu, mon Dieu, la vie est là,
    Simple et tranquille.
Cette paisible rumeur-là
    Vient de la ville

★

— Qu'as-tu fait, ô toi que voilà
    Pleurant sans cesse,
Dis, qu'as-tu fait, toi que voilà,
    De ta jeunesse ?

Le ciel est, par-dessus le toit...
Paul Verlaine, *Sagesse.*

4 **Chanson** ••

Pile ou face

Refrain

T'es pas content et tu veux ma place ?
On la joue à pile ou face.
La fille se trouve en état de grâce :
C'est elle qui gagne à pile ou face.

T'es pas content et tu veux ma place ?
On la joue à pile ou face.
Tu disparais ou tu laisses ta trace :
C'est la vie, c'est pile ou face.

Écoutez la chanson et :

a. *Repérez les mots suivants : classe - elle arrive - grand rendez-vous - la glace - longue soirée - quand - serrée - toujours - trop.*

b. *Classez-les selon l'ordre d'apparition.*

c. *Dans ces mots, écoutez les sons* [R], [l], [g], [k].

Enquête

Tu apprends le français?

Apprenez l'alphabet (p. 138)
les nombres de 0 à 10
Regardez la carte de France (p. 134)

FACE N° I   Unité I

I   Que connaissez-vous de la France ?

2   Que savez-vous des Français ? Connaissez-vous des Français
qui habitent dans votre pays ?

3   Que pensez-vous de la France et des Français ?

4   Vous vous trouvez dans un pays où l'on parle français :
qu'avez-vous besoin de savoir dire
en français pour vous débrouiller ?

5   **Complétez les mots suivants :**

fr■nç■is - ■llo ! - b■nj■ur - v■us - ç■ va ? - t■ -
po■rquo■ - o■i - la t■ur Eiff■l - ch■re

6 ⊙⊙ **Écoutez et écrivez les mots épelés.**

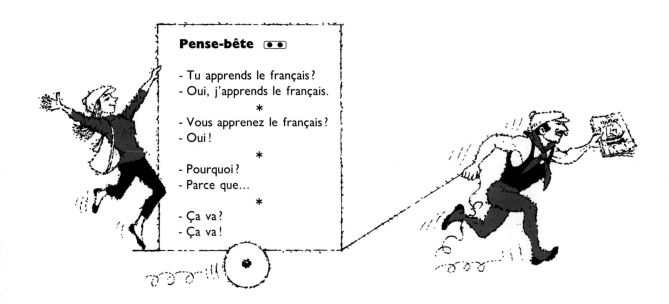

Pense-bête ⊙⊙

- Tu apprends le français ?
- Oui, j'apprends le français.
*
- Vous apprenez le français ?
- Oui !
*
- Pourquoi ?
- Parce que...
*
- Ça va ?
- Ça va !

FACE N° I
Unité 2

Événement

À Grenoble : «Jeux Olympiques Juniors»

Révisez tu apprends le français?
vous apprenez le français (p. 65)
Apprenez les nombres de 11 à 16
Regardez la carte de la francophonie
et la carte de la C.E.E. (p. 133)

Interrogation
- Vous êtes américain?
- Non, je suis français! Pourquoi?

- Ça va?
- Ça va!

Accent tonique
Fran**çais**. - Pour**quoi**? - Oui, un **peu**.
Bon**jour** - La tour **Eiffel**?
Vous **êtes** améri**cain**?

TU - VOUS

★ **tu** apprends le français?
★ **vous** êtes américain?

★ **tu** es française?
★ **vous** êtes anglaise?

I   **Observez les dessins :
quand emploie-t-on «tu» et «vous»?**

MASCULIN - FÉMININ

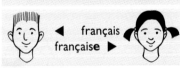
français
française ▶

2   **Mettez le dialogue au féminin :**

- Vous êtes américain?
- Non, je suis français! Pourquoi?

3   **Mettez le dialogue au masculin :**

- Vous êtes anglaise?
- Non, je ne suis pas anglaise, je suis irlandaise.

JE SUIS - TU ES

* **tu es** française?
* **je suis** français

* **vous êtes** américain?
* **vous êtes** anglaise?

* **il est** français

4 **Complétez par le verbe ÊTRE :**
je ■ américain
tu ■ français
il ■ français
elle **est** irlandaise

vous ■ anglais

  ### JE PARLE - TU PARLES

* **tu parles** français?

5 **Complétez par le verbe PARLER :**
je parle espagnol
tu ■ français   **vous parlez** anglais
il **parle** allemand
elle **parle** italien

★

6 **Écoutez et complétez :**

A
- ■ es français?
- Oui.

B
- ■ êtes français?
- Non, mais
- je ■ français.

C
- Vous ■ espagnol?
- Je ne ■ pas espagnol,
- je ■ italien!

D
- Tu ■ française?
- Oui, bien sûr!

7 **Remettez en ordre les mots des phrases :**

1. anglais / Il / parle
2. je / Oui, / parle / portugais
3. ? / marocaine / êtes / Vous
4. français / ? / Vous / parlez
5. ? / et / es canadien / parles français / Tu / tu

OUI * Je suis anglaise
* Il parle français

NON * Je **ne** suis **pas** anglaise
* Il **ne** parle **pas** français

Pense-bête ••

- Vous êtes américain?
- Non, je suis français
*
- Vous parlez français?
- Oui, un peu.
*
- Il est canadien, il parle français.
- Elle est allemande, elle ne parle pas français.

Vie pratique

C'est français ? Bizarre !

Révisez : le verbe ÊTRE (p. 67)
le féminin (p. 66)
Apprenez les nombres de 17 à 19

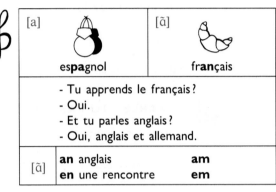

[a]		[ɑ̃]	
espagnol		français	

- Tu apprends le français ?
- Oui.
- Et tu parles anglais ?
- Oui, anglais et allemand.

[ɑ̃]	**an** anglais	**am**
	en une rencontre	**em**

ÊTRE

* **c'est** un ballon
* **c'est** une voile
* **ce sont** des trains

---

1   **Conjuguez le verbe ÊTRE au présent :**

je ■ anglais   nous **sommes** italiens
tu ■ française   vous ■ espagnoles
il ■ allemand   ils **sont** allemands
elle ■ japonaise   elles **sont** anglaises
c'■ un ballon   ce ■ des trains

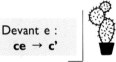

Devant e :
ce → c'

---

2   **Complétez les phrases par le verbe ÊTRE :**

A
- Vous ■ français ?
- Non, nous ■ espagnols.

B
- Tu ■ anglais ?
- Non, je ■ américain.

C
- Ils ■ irlandais ?
- Oui, bien sûr !

D
- C'■ un jeu ?
- Non, c'■ un test !

E
- Qu'est-ce que c'est ?
- Ce ■ des glaces.

J'APPRENDS - TU APPRENDS

* **J'apprends** le français
* **Tu apprends** le français
* **Vous apprenez** le français

---

3   **Complétez par le verbe APPRENDRE :**

j'■ le français
tu ■ le français   vous ■ le français
il apprend le français
elle apprend le français

UN - UNE - DES

* **un** ballon   * **une** voile   * **des** trains   * **des** voitures

ARTICLES INDÉFINIS

	♂	♀
Singulier	**un**	**une**
Pluriel	**des**	

---

4   Dans votre langue, comment exprime-t-on l'article indéfini ?

5   **Relevez les noms de l'unité 3. Classez-les dans un tableau comme celui-ci :**

un	**une**	**des** (masculin)	**des** (féminin)
un ballon			

6   **Cherchez dans le lexique cinq noms masculins et cinq noms féminins : écrivez-les avec l'article indéfini qui convient.**

SINGULIER - PLURIEL

Singulier	**un** train	**une** voiture
Pluriel	**des** trains	**des** voitures

on n'entend pas le **s** du pluriel

7   **Mettez les phrases au pluriel :**

1. C'est un ballon
2. C'est un igloo
3. C'est un cinéma

4. C'est une voile
5. C'est une cheminée
6. C'est une colonne

8   **Mettez les phrases au singulier :**

1. Ce sont des trains
2. Ce sont des avions
3. Ce sont des voitures

9   **Écoutez et complétez :**

A
- ■ ? - C'est un musée.
- ■ ? - Oh ! ça ! C'est un cinéma.

B
- Qu'est-ce que c'est ? - ■
- C'est bon ? - ■

10   **Remettez le dialogue en ordre :**

a - Oui, c'est très bon.
b - C'est un fromage.
c - Un brie, qu'est-ce que c'est?
d - C'est bon?

11   **Construisez avec les mots suivants deux dialogues sur le modèle de l'exercice 10 :**

1. un baba - gâteau - bon
2. un igloo - maison - confortable

• *C'est bon - C'est très bon - C'est excellent*

bon ≠ mauvais
c'est bon   c'est mauvais
c'est très bon   }
c'est excellent   } c'est très mauvais

OUI ★ C'est bon   NON ★ Ce **n'est pas** bon
     ★ C'est un ballon   ★ Ce **n'est pas** un ballon
     ★ Ce sont des trains   ★ Ce **ne** sont **pas** des trains

Pense-bête ••

- Qu'est-ce que c'est?
- C'est un musée.
         *
- Qu'est-ce que c'est?
- Ce sont des voitures.
         *
- C'est bon?
- C'est très bon.

Reportage

En direct de la rue Victor-Hugo

Révisez les noms des pays cités dans l'unité 2.
Apprenez les nombres de 20 à 59.

ÊTRE	APPRENDRE
Présent	*Présent*
je suis	j'apprends
tu es	tu apprends - vous apprenez
il/elle est	il/elle apprend
nous sommes	
vous êtes	
ils/elles sont	

LE - LA - LES

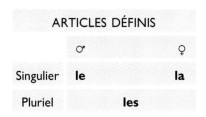

* C'est madame Langlois, **la** boulangère

* Lui? C'est **le** plombier.

ARTICLES DÉFINIS

	♂	♀
Singulier	**le**	**la**
Pluriel	**les**	

Devant a, e, i, o, u, h :

le → **l'**   l'italien
la → **l'**   l'Italie

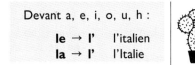

[ɔ̃] un ball**on**	[ɑ̃] fran**ç**ais

- Allo, c'est Antoine Langlois ?
- Non, c'est Léon.
- Léon ?
- Oui, Léon Dupont, le plombier.

| [ɔ̃] | **on** un ballon | **om** *(p/b)* le plombier |

I Dans votre langue, comment exprime-t-on l'article défini ?

2 **Relevez tous les noms des unités 3 et 4. Classez-les dans un tableau comme celui-ci :**

le	**la**	**les** (masculin)	**les** (féminin)
le ballon			

3 **Mettez un article défini devant ces noms de pays :**

■ France
■ Portugal
■ Irlande
■ Autriche

■ Grande-Bretagne
■ Japon
■ Brésil

■ Espagne
■ États-Unis
■ Grèce
■ Belgique

■ Danemark
■ Italie
■ Pologne
■ Uruguay

■ Luxembourg
■ Pays-Bas
■ Philippines
■ Allemagne

MOI - TOI - LUI - ELLE...

* ★ **Lui**? C'est le plombier.

* ★ C'est **toi** Aline!

* ★ Ce n'est pas **elle**!

* ★ Mademoiselle Martel, c'est **vous**?

* ★ Oui, c'est **moi**!

4   **Complétez par** MOI, TOI, LUI **ou** ELLE :

Singulier   je   →   **moi**
              tu   →   ■   (vous → ■)
              il   →   ■
              elle →   ■

5   MOI, TOI, LUI, ELLE existent-ils dans votre langue?

6   **Complétez par** MOI, TOI, LUI, ELLE :

A
- Il est canadien?
- ■? Il est norvégien.

B
- C'est Madame Duval?
- ■? Non, c'est Madame Lambert.

C
- Tu es français?
- Oui, et ■?
- ■, je suis espagnol.

CE N'EST PAS MOI...

* ★ je **ne** suis **pas** anglaise

* ★ ce **n'**est **pas** moi

* ★ ce **n'**est **pas** Marie...

> Verbe ÊTRE à la forme négative
>
> sujet + **ne** + VERBE + **pas**

> ce **n'**est pas moi
>
> devant a, e, i, o, u, y, h :
> **ne** → **n'**

7   **Conjuguez le verbe** ÊTRE **au présent (forme négative) :**

je ■ anglaise   nous **ne sommes pas** italiens
tu **n'es pas** français   vous **n'êtes pas** suisses
il ■ italien   ils **ne sont pas** espagnols
elle ■ belge   elles ■ américaines
c'■ un ballon   ce ■ des trains

8   **Répondez aux questions par une phrase affirmative et une phrase négative :**

1. Ces sont des trains ?   Oui, ce sont des trains.   Non, ce ne sont pas des trains.
2. Le gâteau est bon ?   Oui,   Non,
3. Tu es allemand ?   Oui,   Non,
4. Francine et Marie,
   vous êtes françaises ?   Oui,   Non,
5. Valérie est espagnole ?   Oui,   Non,

★

9 📼 **Écoutez et complétez :**

A
-
- Gladys Smith !
- Et lui ?
-

B
- Tu parles ?
- français, anglais et espagnol ! ?

10   **Remettez en ordre les répliques du dialogue :**

Le professeur   Et Francine Lantier, c'est vous ?
Le professeur   Paul Delage !
Le professeur   Vous êtes Francine Lantier ?
Amélie   Non, ce n'est pas moi, c'est elle.
Francine   Oui, c'est moi !
Paul   C'est moi !

Pense-bête 📼

- Qui est-ce ?
- C'est la boulangère.
- Et lui ?
- Lui, c'est le facteur.
*
- Il est plombier ?
- Non, il est pharmacien !
*
- Allo ? C'est Marie ?
*
- Oh ! pardon, monsieur !

FEUILLETON «LUC, ALAIN, CAROLINE ET LES AUTRES»

1er épisode : « Un nouveau voisin »

Révisez le verbe ÊTRE (forme négative) (p. 72)
le verbe PARLER (p. 67)
les nationalités (pp. 66-67)
« qu'est-ce que c'est ? » (p. 70)
« qui est-ce ? » (p. 73)
moi, toi, lui, elle (p. 72)

Apprenez les nombres de 60 à 99
les nombres ordinaux → 5e (p. 137)
les jours de la semaine et les mois (p. 137)

SAVOIR
Présent
je sais
tu sais - vous savez
il/elle sait

Interrogation
- Qu'est-ce que c'est ?
- Qui est-ce ?
- C'est qui ? - Lui ? C'est Alain
- Tu es d'où ?
- C'est à la Martinique ?
- Tu vas à JF à la rentrée ?

LES VERBES COMME « PARLER » AU PRÉSENT

* tu **parles** français ?
* vous **parlez** français ?
* j'**arrive**, maman !
* papa **travaille** à Paris
* j'**habite** ici

PARLER au présent
Verbe du **Ier groupe**
Infinitif = **-ER**
parl **er**

j'arrive - j'habite

Devant a, e, i, o,
u, y, h
je → j'

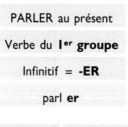

je parl **e**	nous parl **ons**
tu parl **es**	vous parl **ez**
il/elle parl **e**	ils/elles parl **ent**

I   **Conjuguez les verbes** TRAVAILLER - HABITER **au présent.**

2   **Mettez les phrases au présent :**

1. Nous *(habiter)* à Paris.
2. Il *(téléphoner)* à Élodie.
3. Elles *(arriver)* de Prague.
4. Nous *(appeler)* la concierge.

5. Tu *(parler)* avec le professeur de français.
6. Vous *(monter)* ?
7. Je *(travailler)* à l'Ambassade de France.
8. Les Canadiens *(parler)* français.

IL NE PARLE PAS - JE NE SAIS PAS

★ il **ne parle pas** français

★ elle **ne parle pas** français

★ je **ne sais pas**

> Les verbes à la forme négative
>
> sujet + **ne** + VERBE + **pas**

> je **n'**arrive pas
> je **n'**habite pas
> je **n'**apprends pas
>
> Devant a, e, i, o, u, y, h :
> **ne → n'**

3   **Conjuguez le verbe** PARLER **au présent (forme négative) :**

je **ne** parle **pas**   nous **ne** parlons **pas**
tu ◼   vous ◼
il/elle ◼   ils/elles ◼

4   **Conjuguez les verbes** APPRENDRE **et** SAVOIR **au présent (forme négative).**

★

5   **Remettez en ordre les mots des phrases :**

1. est / Martine / Paris / étudiante / à
2. au / Vous / Jules-Ferry / collège / ? / travaillez
3. professeur de français / suis / Oui, / je
4. Vous / ? / Victor-Hugo / habitez / rue
5. à / de Fort-de-France / est / Il / la Martinique

6 **Écoutez et complétez :**

A
- Vous êtes ◼ ?
- ◼ de Toulouse.
- Vous êtes ◼ ?
- Oui, ◼ aujourd'hui.

B
- Tu ◼ ?
- Oui, au ◼
- Et tu vas au ◼ ?
- ◼ !

7 **Reliez chaque partie de la phrase de la colonne A à la partie de phrase correspondante de la colonne B :**

A	B
Il est anglais **mais**	tu habites Lyon ?
C'est l'homme **avec**	la voiture américaine
Tu habites Paris **ou**	elle travaille à La Défense
Elle est secrétaire **et**	il parle français

8 **Recopiez et complétez ce mini-lexique.**
Faites des phrases avec les mots de la deuxième colonne :

Familier	Non familier
chouette !	bravo !
super !	excellent !
sympa	sympathique
c'est quoi ?	■
c'est qui ?	■

Monte vite !

Pense-bête

- Tu es d'où ?
- De Fort-de-France. C'est à la Martinique.
                    *
- Tu habites où ?
- J'habite ici.
                    *
- Il travaille à Paris ?
- Oui, rue Pasteur.

FEUILLETON « LUC, ALAIN, CAROLINE ET LES AUTRES »
2ᵉ épisode : « *La rentrée des classes* »

Révisez le 1ᵉʳ épisode du feuilleton (p. 12)
- ça va ? (p. 65)
moi, toi, lui, elle (p. 72)
les verbes du 1ᵉʳ groupe au présent (p. 74)
Apprenez les nombres ordinaux (p. 137)
le nom des mois (p. 137)

CONNAÎTRE
Présent
je connais
tu connais
il/elle/on connaît

Exclamation
- Lui, c'est Jérôme !
- Oh ! La Martinique, je connais : c'est formidable !
- Non ! Oh zut ! ça commence mal !

ON

⋆ **on** a le temps ?
⋆ **on** a déjà des devoirs.

I   **Comparez :** Aline et Paul, vous habitez Marseille ? - Non, **on habite** Nice.
En France, **on parle** français.

ON = NOUS   **on** habite Nice = **nous** habitons Nice
ON = ILS   En France, **on** parle français = les Français **(ils)** parlent français.

ON se conjugue toujours à la 3ᵉ personne du singulier (comme IL/ELLE).

AVOIR

⋆ **j'ai** faim
⋆ **on a** le temps ?
⋆ **Jérôme a** un nouveau vélo.

2   **Conjuguez le verbe** AVOIR **au présent :**

j'■ faim   nous **avons** faim
tu **as** une voiture   vous **avez** un vélo
il/elle/on ■ le temps   ils/elles **ont** des devoirs

 | je → j'ai |

3   **Repérez le verbe** AVOIR :

A
- Il a deux filles et toi ?
- Moi, j'ai une fille, Solange.

B
- Vous avez faim ? Nous
  avons des croissants.

C
- Tu as des copains ?
- Oui, Sébastien et Jean-Louis.

D
- Ils ont une voiture ?
- Non, des vélos !

E
- Il a une nouvelle voiture ?
- Lui ? non, pourquoi ?

4   **Complétez par le verbe** AVOIR :

1. Tu ▇ un nouveau vélo.
2. Je ▇ faim.
3. Vous ▇ le temps ?
4. Nous ▇ des copains.
5. Elle ▇ un ordinateur.
6. Ils ▇ un professeur de français formidable.
7. Elles ▇ un copain stupide.
8. Il ▇ un nom italien.

• *Ça va ?*

- **ça va ?**   - oui !   - non !

- oui, ça va !
- ça va bien !   - non, ça va mal !

- ça va très bien !   - non, ça va très mal !

5   Interrogez vos voisin(e)s (ça va ?) : ils (elles) vous répondent.

• *Bonjour ! Salut !*

- **Salut !**   - Bonjour !
- Bonjour, madame !
- Bonjour, monsieur !
- Bonjour, mademoiselle !

6   Saluez vos voisin(e)s : ils (elles) vous répondent.

• *Tu t'appelles comment ?*

- Tu t'appelles comment ? ⎫
- Comment t'appelles-tu ? ⎭ - Je m'appelle Luc

- Vous vous appelez comment ? ⎫
- Comment vous appelez-vous ? ⎭ - Je m'appelle Béatrice Langlois

7   Demandez à vos voisin(e)s leur nom : ils (elles) vous répondent.

8 ▣ **Écoutez et complétez :**

A	B	C
- Ça va ?	- ▇ ! Alice, ▇ !	- Salut, Annie !
- ▇	- Oh ! ▇	- ▇
- Oh ! ▇ faim.	- Non ! non ! ▇ : ▇ !	- Oui et non : j'ai faim.
		- ▇
		- Tu es gentille. Merci.

9   **Construisez le plus de phrases possible. Restez logique !**

M. Normand
Mme Nauler
Martine
Le père d'Alain   est
Patricia
Le vélo de Jérôme
M. Carrier
Il

furieuse
génial
ingénieur
professeur de français
professeur de gymnastique
professeur de maths
stupide
tard

10   **Posez les questions correspondant aux réponses :**

1 - ■ ?
  - Elle s'appelle Caroline.
2 - ■ ?
  - C'est le copain de Luc.
3 - ■ ?
  - C'est un vélo.

4 - ■ ?
  - Ce sont les amis de Rachid.
5 - ■ ?
  - Non, il est tard !

11   **Recopiez et complétez ce mini-lexique. Faites des phrases
avec les mots de la deuxième colonne :**

Familier	Non familier
un copain/une copine	un ami/une amie
un vélo	■
un prof	■
les maths	■
c'est formidable !	c'est merveilleux !
il est génial	il est très perfectionné.

Pense-bête ⊙⊙

- Bonjour !
- Salut ! Ça va ?
- Ça va bien merci ! Et toi ?
        *
- Tu es furieuse ?
- Oui, j'ai faim !
- Ça commence bien !

Reportage
En direct du collège Jules-Ferry

Révisez les jours de la semaine (p. 137)
les nombres ordinaux (p. 137)
la forme négative : ÊTRE (p. 72), PARLER (p. 75)
Apprenez les heures de 1 h à midi (p. 137)
les nombres de 100 à 141
la localisation (p. 135)

AVOIR	PRENDRE (APPRENDRE)
Présent	*Présent*
j'ai	je prends
tu as	tu prends - vous prenez
il/elle/on a	il/elle/on prend
nous avons	
vous avez	*Impératif*
ils/elles ont	prends ! - prenez !

[ə]	[e] 
le garçon	**les** garçons

- Le secrétariat ?
- Montez au premier.
- Et pour aller à l'atelier ?
- Prenez le couloir E et tournez à gauche.

[e]	**é** le secrétariat	**er** monter	« **et** »
	ez prenez	**es** les	

LES VERBES COMME « PARLER » À L'IMPÉRATIF

* **tournez** à droite !
* **monte** vite !
* **regarde** là-bas !

1 **Recopiez et complétez le tableau à l'aide des exemples ci-dessus :**

tourner	tourne !	tournons !	■
monter	■	montons !	montez !
regarder	■	regardons !	regardez !

	PARLER à l'impératif
Présent de l'indicatif	
tu parles →	**parle** !
nous parlons →	**parl**ons !
vous parlez →	**parl**ez !

Pas de « **s** »,
à la 2ᵉ personne du singulier.

2   **Transformez les phrases en ordres :**

1. Julie et Martine, vous travaillez s'il vous plaît.
2. Nous appelons le professeur.
3. Tu commences aujourd'hui.
4. Vous parlez français.
5. Tu achètes un croissant.
6. Nous parlons français

TU N'AS PAS

★ Tu **n'as pas** l'emploi du temps ?

3   **Conjuguez le verbe AVOIR au présent (forme négative) :**

je **n'ai pas** faim   nous **n'avons pas** faim
tu ■ l'emploi du temps   vous **n'avez pas** l'emploi du temps
il/elle/on **n'a pas** le temps   ils/elles **n'ont pas** le temps

> Devant a, e, i, o, u, y, h :
> **ne → n'**

4   **Repérez le verbe AVOIR à la forme négative :**

A
- Tu n'as pas faim ?
- Non, pas aujourd'hui !

B
- Vous cherchez le laboratoire ?
  Vous n'avez pas le plan ?

C
- Nous n'avons pas le temps :
  le cours commence !

D
- J'ai un vélo et toi ?
- Moi aussi.

5   **Complétez par le verbe AVOIR à la forme négative :**

A
- On a le temps !
- Mais non ! On ■ le temps !
  Vite !

★

B
- Elles achètent des croissants ?
- Non !
- Pourquoi ?
- Parce qu'elles ■ faim.

C
- Il a histoire demain ?
- Je ne sais pas.
- Moi, je sais : il ■
  histoire, il a gym !

6   **Remettez en ordre les mots des phrases :**

1. ? / secrétariat / cherchez / le / Vous
2. le / Où / laboratoire / ? / est
3. d' / professeur / Je / le / histoire / cherche.
4. réfectoire, / tournez / Pour / à / au / aller / droite !
5. tout / C'est / ? / L'atelier / droit.

• *Où est l'atelier ?*

7 ●● **Écoutez et complétez :**

A
- Où est le préau ?
- C'est ■
- Dans le ■ ?
- ■

B
- ■ rue Victor-Hugo ?
- Prenez la ■ à droite, tournez ■, puis ■
- Oh ! là ! là !

• *À quelle heure?*

À quelle heure } commence le cours d'histoire? → Il commence à 8 h
Quand } finit le cours d'histoire? → Il finit à 9 h

8   Posez des questions à votre voisin(e) sur l'horaire des cours de votre classe.

Il est quelle heure? }
Quelle heure est-il? } Il est 9 h
Vous avez l'heure (s'il vous plaît)? }

9   Demandez l'heure à votre voisin(e).

• *Est-ce qu'on a gym... ?*

Est-ce qu'on a gym le lundi?
Est-ce que tu parles français?
Est-ce que vous avez des croissants?

10   **Posez les questions correspondant aux réponses :**

1 - ■ ? - Le cours de français est à 10 h.   4 - ■ ? - C'est Jules Ferry.
2 - ■ ? - Le réfectoire est dans le bâtiment B.   5 - ■ ? - Non, je n'ai pas faim!
3 - ■ ? - Oui, Rachid a une planche.   6 - ■ ? - Il est 8 h 15.

11   **Recopiez et complétez ce mini-lexique. Faites des phrases avec les mots de la deuxième colonne :**

	Familier	Non familier
	Dis	∅
	on a gym	nous avons cours de gymnastique
	chic !	bravo !

- Tu **as** l'emploi du temps?   - Tu **n'as pas** l'emploi du temps?
- **Oui!**   - **Si!**

- **Samedi**, on commence à 8 h.
- On a cours de gym **le mardi, le vendredi et le samedi.**

Pense-bête ▪▪

- Pour aller à la bibliothèque?   - Quelle heure est-il?
- Tournez à droite.   - Il est 11 h.
*   *
- Je cherche le réfectoire.   - À quelle heure commence le cours d'histoire?
- C'est dans le bâtiment C.   - À 8 h.
*   *
- Où est l'atelier?   - Le samedi, on commence à 8 h et on finit à 9 h.
- Vous allez tout droit.
*   *
- Le secrétariat, s'il vous plaît!   - On a cours de gym à quelle heure?
- Prenez le premier couloir à gauche.   - De 11 h à midi.

Événement

Zébulon escalade le Black Canyon

Révisez le verbe AVOIR à la forme négative (p. 81)
les articles définis (p. 71)
« à quelle heure ? » (p. 82)
les nombres de 0 à 16
les noms de mois (p. 131)
les nombres ordinaux (p. 137)
Apprenez les nombres > 141 (p. 137)

PARLER
Présent   *Impératif*
je parle   parle !
tu parles   parlons !
il/elle parle parlez !
nous parlons
vous parlez
ils/elles parlent

[ə]	[e]	[ɛ] 
le garçon	**les** garçons	**le** collège

- Zébulon est français ?
- Oui, il s'appelle Bertrand Roche.
- Il va au collège ?
- Oui, et c'est un prodige de l'escalade. Avec son père, il prépare l'escalade de la première falaise du monde.

[ɛ]	**è** le collège	**es** l'escalade	**elle** s'appelle
	er merci	**ai** la falaise	

ALLER

★ pour **aller** à la bibliothèque ?
★ ça **va** ?
★ tu **vas** à JF ?
★ Zébulon **va** au collège

1 **Conjuguez le verbe** ALLER **au présent :**

je **vais** bien   nous **allons** au réfectoire
tu ■ à la bibliothèque   vous **allez** au secrétariat
il/elle/on ■ au collège   ils/elles **vont** à Paris

2 **Conjuguez le verbe** ALLER **au présent (forme négative) :**

je **ne** vais **pas** bien   nous **n'allons pas** au réfectoire
tu ■ à la bibliothèque   vous ■ au secrétariat
il/elle/on ■ au collège   ils/elles ■ à Paris

> Devant a, e, i, o, u, y, h :
> **ne → n'**

3 **Conjuguez le verbe** ALLER **à l'impératif :**

va !
■ !
■ !

> Tu vas (présent) → **Va** ! (impératif)

4 **Complétez les phrases suivantes par le verbe ALLER :**

A
- Caroline, tu ■ à la bibliothèque ?
- Mais non, je ■ au collège, il est tard !

B
- Pour ■ au laboratoire ?
- Vous ■ tout droit.

C
- ■ à la boulangerie et achète des gâteaux !

D
- Vous ■ à Paris ? *(forme négative)*
- Je préfère Rome.

AU - AUX

★ Le Black Canyon **au** Colorado
★ il habite **au** 5ᵉ

5 **Observez les exemples suivants : que deviennent le, les après à ?**

habiter	**à** + **le**	5ᵉ (étage)	→	Alain habite **au** 5ᵉ
parler	**à** + **les**	ingénieurs	→	il parle **aux** ingénieurs
aller	**à** + **les**	Jeux Olympiques	→	pour aller **aux** Jeux Olympiques

À + LE/LES

à + le = **au**   à + les = **aux**

à + la = **à la**
à + l' = **à l'**

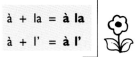

6 **Complétez les phrases :**

1. Je vais ■ secrétariat.
2. Nous rentrons ■ collège.
3. Pardon : pour aller ■ bibliothèque ?

4. Les élèves arrivent ■ réfectoire.
5. Zébulon pense ■ falaises du Colorado.
6. Alain parle ■ copains de Luc.

• *À quelle heure est le cours de gym ?*

Quel ordinateur avez-vous ?
À **quelle** heure est le cours ?

Quels cours avez-vous ?
Quelles sont les falaises de France ?

7 **Complétez les questions par** quel. **Accordez** quel :

1. Zébulon, ■ falaises préfères-tu ?
2. À ■ heure arrive le train de Bruxelles ?
3. ■ jeux avez-vous ?

4. ■ est votre passion ?
5. ■ pays d'Europe connaissez-vous ?
6. Dans ■ bâtiment est la bibliothèque ?

• *Il a 12 ans*

- Tu as quel âge ?
- Quel âge as-tu ?
- Quel âge avez-vous ?
}   - J'ai 12 ans.

- Zébulon a quel âge ?   - Il a 12 ans.

8   Vous interrogez votre voisin(e) sur son âge.
Vous dites l'âge de votre voisin(e) à la classe.

• *Il est guide*

9   Vous constituez des équipes et chacun choisit un métier. Vous dialoguez :

Exemple : Moi, je suis serveur... — Tu travailles où ? — Dans un restaurant, et toi ?

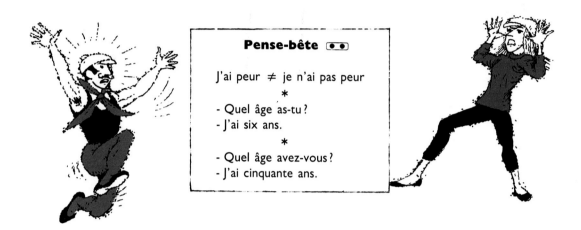

Pense-bête 👁👁

J'ai peur ≠ je n'ai pas peur

*

- Quel âge as-tu ?
- J'ai six ans.

*

- Quel âge avez-vous ?
- J'ai cinquante ans.

Enquête

Les jeunes Français et la télévision

Révisez les nombres jusqu'à 100
les heures de 1 h à midi (p. 137)
les jours de la semaine (p. 137)
Apprenez les heures de midi à minuit (p. 137)
les pourcentages (p. 137)

ALLER

Présent		*Impératif*
je vais	nous allons	va !
tu vas	vous allez	allons !
il/elle va	ils/elles vont	allez !

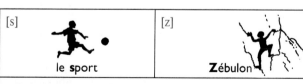

[s]	[z]
le **s**port	**Z**ébulon

- Qu'est-ce que tu fais le soir ?
- Je regarde les séries anglaises à la télévision sur la deuxième chaîne.
- Tu fais aussi du sport ?
- Bien sûr, le samedi après la classe, avec des amis.

[s]	**s** le sport **ss** la classe **c** (i/e) la glace **ç** français
[z]	**z** zéro **s** (entre 2 voyelles) : la télévision **x** deuxième

DU - DES

★ Les animaux **du** monde

I   **Observez les exemples suivants : que deviennent le, les après de ?**

les animaux	**de** + **le**	monde	→ les animaux **du** monde
le monde	**de** + **les**	animaux	→ le monde **des** animaux
Elle, le magazine	**de** + **les**	femmes	→ *Elle*, le magazine **des** femmes

DE + LE/LES	
de + le = **du**	de + les = **des**

de + la = **de la**
de + l' = **de l'**

2   **Complétez les phrases :**

1. Je cherche le bâtiment ■ C.R.A.
2. Zébulon fait l'ascension ■ falaise.
3. Oh ! vous jouez ■ violon !
4. Voilà les vainqueurs ■ Jeux Olympiques.
5. Les élèves ■ CM2 déjeunent au réfectoire ■ école.
6. Aujourd'hui, c'est la rentrée ■ classes.
7. Maman connaît la secrétaire ■ musée !

FAIRE

★ Zébulon **fait** une première escalade

3   **Conjuguez le verbe FAIRE au présent :**

je **fais** un gâteau   nous **faisons** un devoir de français
tu **fais** de la gymnastique   vous **faites** attention ?
il/elle/on ■ l'escalade d'une falaise   ils/elles **font** des maths

Nous f**ai**sons : [ə]

4   **Conjuguez le verbe FAIRE à l'impératif :**

fais attention ! ■ attention ! ■ attention !

5   **Complétez les phrases avec le verbe FAIRE :**

1. Tu as une nouvelle bicyclette ? ■ attention !
2. Vous ■ le devoir de français puis les devoirs de mathématiques.
3. Tu ■ un gâteau ?
   - Oui, un gâteau au chocolat.
4. Les Suisses ■ l'ascension du mont Blanc ?
5. ■ attention ! Il est stupide !
6. Le dimanche je ■ de la gymnastique et vous ?
   - Claude et moi, nous ■ de l'escalade ?

6 ⬤⬤ **Écoutez le dialogue et répondez aux questions :**

    a. Deux personnes parlent → deux copains ? un garçon et sa mère ?
    b. Georges → regarde la télévision ? lit un livre ? joue dehors ?
    c. Georges aime les séries télévisées → oui ? non ?
    d. Il regarde une série → américaine ? anglaise ? française ?
    e. On parle de → l'Irlande ? l'Angleterre ? l'Écosse ?
    f. Le programme est utile pour le cours → d'histoire ?
    de gymnastique ? de géographie ?

• *J'aime - Je préfère*

    J'aime un peu +   – Je n'aime pas beaucoup

    J'aime beaucoup + +   – – Je n'aime pas du tout

    J'adore + + +   – – – Je déteste

- Tu aimes les gâteaux ?
- Oui, mais je préfère les glaces.

7   Ils aiment, ils n'aiment pas : **faites des phrases en fonction du tableau suivant :**

Qui ?	Quoi ?	Aime/N'aime pas ?
Zébulon	l'aventure	+ + +
Luc	le vélo d'Alain	+ +
Rachid	la Martinique	+ +
Luc	la copine de Patricia	–
La mère de Georges	les séries américaines	– –

8   **Faites trois phrases avec « j'aime ..., mais je préfère... ».**

Pense-bête ⬤⬤

- Tu aimes l'histoire ?
- Oui, beaucoup !
     *
- Moi, je n'aime pas le sport, je préfère la musique.
     *
- Quels programmes aimez-vous ?
- J'adore les documentaires.
     *
- Vous aimez la télévision ?
- Non, je déteste la télévision et le cinéma.

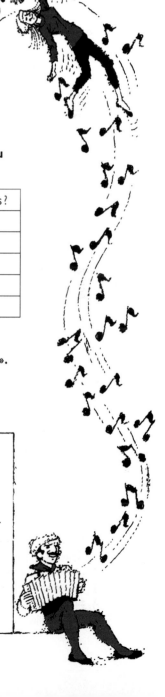

BILAN DES NUMÉROS 1 ET 2

1 🎧 **Écoutez et complétez :**

A
La boulangerie, ■ ?
Prenez la première ■ à ■ !

B
Tu ■ Mandont ?
Non ■ : ■ !

C
Vous ■ le cinéma ?
Oui, mais je ■ la ■

D
Aline, ■ attention ■ voitures !

2 🎧 **Écoutez et écrivez les numéros des plaques minéralogiques françaises :**

1 - ■   2 - ■   3 - ■   4 - ■   5 - ■

3 **Posez les questions correspondant aux réponses :**

1 - ■ ?
   - C'est le professeur de français.
2 - ■ ?
   - Ce sont des voitures italiennes.
3 - ■ ?
   - J'ai 12 ans.
4 - ■ ?
   - Je suis de Paris.
5 - ■ ?
   - La bibliothèque ? Vous allez tout droit !

6 - ■ ?
   - Non, je n'aime pas la télévision : je préfère le sport.
7 - ■ ?
   - Non, je ne suis pas canadienne, je suis française.
8 - ■ ?
   - On a cours de gym de 10 h à 11 h.
9 - ■ ?
   - Oui, je parle français et anglais.
10 - ■ ?
   - Il est minuit.

4 **ÊTRE ou AVOIR ? Complétez les phrases par le verbe conjugué qui convient :**

1. Je ■ deux livres de géographie.
2. Nous ■ les élèves du collège
   Marie-Curie à Nantes.
3. Qui ■ -ce ? - Ce ■ les professeurs de 6ᵉ.
4. Vous ■ faim ?

5. Il ■ américain et il ■ professeur d'anglais.
6. On ■ maths le jeudi ?
   - Non, le cours de maths ■ le lundi
   et le mercredi.
7. Ils ■ un nouveau copain.

5 **Complétez par l'article qui convient :**

1. Luc et Alain parlent ■ collège Jules-Ferry.
2. Vous allez ■ bibliothèque ?
   - Non, nous allons ■ réfectoire.
3. Regardez ■ emploi du temps !
4. Papa est ingénieur : il a ■ ordinateur.

6 **Transformez les phrases en ordres :**

1. Francine et Claudine,
   vous allez à la bibliothèque.
2. Jérôme, tu regardes à droite et à gauche.
3. Caroline, tu prends un croissant.
4. Nous faisons attention.
5. Toi, Odile, tu cherches le ballon de Pierre.

FEUILLETON « LUC, ALAIN, CAROLINE ET LES AUTRES »

3e épisode : « Sorties »

Révisez le 2e épisode du feuilleton (p. 16)
« je préfère » (p. 87)
le verbe ALLER (p. 85)
les verbes du 1er groupe au présent (p. 74)
moi, toi, lui, elle (p. 72)
Apprenez les couleurs (p. 135)

FAIRE		VENIR	
Présent		*Présent*	
je fais	nous faisons	je viens	nous venons
tu fais	vous faites	tu viens	vous venez
il/elle fait	ils/elles font	il/elle vient	ils/elles viennent
Impératif		*Impératif*	
fais !		viens !	
faisons !		venons !	
faites !		venez !	

Liaisons

C'est une super-piscine.
C'est leur anniversaire de mariage.
Il est encore là.
« Luc, Alain, Caroline et les autres »
Je vais à Nancy...

... NOUS, VOUS, EUX, ELLES

★ Viens avec **nous**... !

PRONOMS PERSONNELS RENFORCÉS

singulier			pluriel		
	je	→ **moi**		*nous*	→ **nous**
	tu	→ **toi**		*vous*	→ **vous**
	il/elle	→ **lui/elle**		*ils/elles*	→ **eux/elles**

I   **Repérez les pronoms personnels renforcés :**

A
- Je vais avec elles, et vous ?
- Nous, nous allons avec eux !

B
- Tu vas chez tes grands-parents demain ?
- Oui, je vais chez eux le jeudi et le dimanche.

C
- Elles mangent à l'école ?
- Elles ? Mais non, elles rentrent à la maison.

2   **Complétez les phrases avec un pronom personnel renforcé :**

A
- Il est ingénieur ?
- ■ ? Mais non, il est bibliothécaire !

B
- C'est la femme du boulanger ?
- ■ ? Oui, c'est la boulangère, Mme Langlois.

C
- Les imperméables noirs sont à ■ ?
- Mais non, ils ne sont pas à nous, ils sont à ■ !

MON, TON, SON, MA, TA, SA...

* **mon** frère
* **mes** grands-parents
* **votre** vélo
* **leur** anniversaire de mariage, **leurs** noces d'or

ADJECTIFS POSSESSIFS		
(à moi) ↔ **m on** ↔ (le livre)		
(à moi) ↔ **m es** ↔ (les livres)		

possesseur	objet possédé		
	♂	♀	♂ ♂ ♀ ♀
moi	**mon** livre	**ma** voiture	**mes** livres - mes voitures
toi	**ton** livre	**ta** voiture	**tes** livres - tes voitures
lui/elle	**son** livre	**sa** voiture	**ses** livres - ses voitures
nous	**notre** livre - notre voiture		**nos** livres - nos voitures
vous	**votre** livre - votre voiture		**vos** livres - vos voitures
eux/elles	**leur** livre - leur voiture		**leurs** livres - leurs voitures

Devant un nom féminin commençant par a, e, i, o, u, h :	**ma** → **mon**	mon auto
	ta → **ton**	ton école
	sa → **son**	son histoire

3   **Repérez les adjectifs possessifs :**

A
- Son père s'appelle Jean-Louis.
- Jean-Louis ? C'est le nom de mon frère.

B
- Leur voiture est une Renault ?
- Non, c'est une Peugeot.

C
- Ses gâteaux sont excellents !
- Oui, et ses glaces sont formidables !

D
- Ma mère arrive à Paris lundi !
- Avec tes frères ? - Oui !

4   **Transformez les phrases en utilisant les adjectifs possessifs :**

1. Tu as un vélo - C'est **ton** vélo
2. Tu as une planche - ■
3. J'ai deux frères - ■
4. Il a un ballon - ■

5. Elle a un ordinateur - ■
6. Tu as des croissants - ■
7. Nous avons un fils - ■
8. Nous avons une sœur - ■

9. Vous avez des grands-parents -
10. J'ai un copain - ▪
11. Ils ont des enfants - ▪

12. Elles ont un professeur - ▪
13. Ils ont un château - ▪
14. Ma mère a une boulangerie - ▪

LE PRÉSENT

5   **Complétez par le verbe conjugué :**

A
- Tu ▪ madame Durand ? *(connaître)*
- Non, mais je ▪ M. Durand. *(connaître)*

C
- Tu ▪ le français ? *(apprendre)*
- J'▪ le français et l'allemand. *(apprendre)*

B
- Tu ▪ avec nous ? *(venir)*
- Non, je ▪ ma voiture. *(prendre)*

D
- Qu'est-ce qu'elle ▪ ? *(faire)*
- Je ne ▪ pas. *(savoir)*

Verbes comme PARLER	Verbes comme APPRENDRE	Autres verbes
je : travaill **e** / parl **e** j' : habit **e**	j' : appren **ds** je : pren **ds**	je : fai **s** / connai **s** / sai **s** / vien **s**
tu : travaill **es** / parl **es** / habit **es**	tu : appren **ds** / pren **ds**	tu : fai **s** / connai **s** / sai **s** / vien **s**
il/elle/on : travaill **e** / parl **e** / habit **e**	il/elle/on : appren **d** / pren **d**	il/elle/on : fai **t** / connaî **t** / sai **t** / vien **t**
Au pluriel, tous les verbes ont les mêmes terminaisons : **nous** → **ons** / **vous** → **ez** / **ils/elles** → **ent**		vous : êt **es** / fait **es** / dit **es**

★

6   **Remettez en ordre les mots des phrases :**

1. au / avec / cinéma / grand-mère / Je / ma / vais
2. Tu / Jeux / les / Olympiques / pour / t'entraînes
3. avec / se promène / sa / sœur / Valérie
4. au / avec / classe / ils / leur / cinéma / Vendredi, / vont
5. à / de / fait semblant / journal / L'homme / l'imperméable / lire / son

7   **Complétez les phrases de la deuxième colonne :**

1. Jean-Noël Roche est le père de Zébulon.   →   Zébulon est **le fils** de Jean-Noël Roche.
2. Patricia est la sœur de Luc.   →   Luc est ▪ de Patricia.
3. Mme Morin est la mère de Caroline   →   Caroline est ▪ de Mme Morin.
4. Frédéric est le neveu de Mme Durand.   →   Mme Durand est ▪ de Frédéric.
5. Sophie est la cousine de Frédéric.   →   Frédéric est ▪ de Sophie.
6. Sophie est la nièce de M. Durand.   →   M. Durand est ▪ de Sophie.
7. Luc est le petit-fils de Papi.   →   Papi est ▪ de Luc.
8. Patricia est la petite-fille de Mamie.   →   Mamie est ▪ de Patricia.

• *Qu'est-ce que vous faites dimanche ?*
• *Qu'est-ce que c'est ?*

- Qu'est-ce que tu fais ?
- Je vais au ciné avec mon frère.

- Qu'est-ce que fait ton père ?
- Il est plombier.

- Qu'est-ce que c'est ?
- C'est une piscine.

8   **Posez les questions correspondant aux réponses :**

1 - ■ ? - Mercredi ? Je vais à la piscine.
2 - ■ ? - J'achète un gâteau, madame !
3 - ■ ? - Ils regardent un film à la télévision.
4 - ■ ? - Nous nous promenons.

• *Qui ?*

- Qui est Patricia ?
- C'est la sœur de Luc.

- Qui est l'homme avec le blouson noir ?
- Je ne sais pas.

- Qui est-ce ?
- C'est la boulangère.

9   **Reprenez l'exercice 7 et posez les questions en utilisant** qui ? :

Exemple : 1 - Qui est Jean-Noël Roche ? - C'est le père de Zébulon.

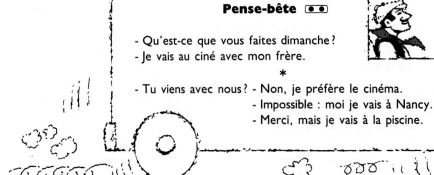

Pense-bête ●●

- Qu'est-ce que vous faites dimanche ?
- Je vais au ciné avec mon frère.

*

- Tu viens avec nous ? - Non, je préfère le cinéma.
    - Impossible : moi je vais à Nancy.
    - Merci, mais je vais à la piscine.

Test

Avez-vous une mémoire... d'éléphant ?

Révisez « j'aime » (p. 87)
masculin/féminin (p. 66)
singulier/pluriel (p. 69)
les verbes du 1er groupe à l'impératif (p. 80)
les verbes ÊTRE (p. 71), AVOIR (p. 80),
CONNAÎTRE (p. 77)
Apprenez les parties du corps humain (p. 136)
les couleurs (p. 135)

LIRE

Présent		*Impératif*
je lis	nous lisons	lis !
tu lis	vous lisez	lisons !
il/elle lit	ils/elles lisent	lisez !

[i]  un **li**vre	[y]  **u**ne **ru**e

- Salut Caroline ! Tu viens à la piscine, dimanche ?
- Non, je vais au ciné avec Sophie, ma cousine.
- Et toi Luc ?
- Je vais en voiture à Nancy. C'est l'anniversaire de Juliette.

[i]	**i** un livre	**y** un mystère
[y]	**u** une rue	

BLOND, GRANDE, BLEUS

* Il a les yeux **bleus**
* Il est **blond**
* La **jeune** fille
* Elle est **grande**

ADJECTIFS QUALIFICATIFS		
Nom + Adjectif	→	les yeux bleus
Adjectif + Nom	→	la jeune fille
Nom + ÊTRE + Adjectif	→	il est blond

I   **Repérez les adjectifs qualificatifs dans les phrases suivantes :**

1. Nathalie est maigre ? — Non, non, elle est très mince !
2. Mireille est blonde. — Blonde ? mais non : elle est brune !
3. Le collège a une belle bibliothèque et une grande salle de sport.
4. Les enfants du facteur sont jeunes ? — Oui, ils ont trois et cinq ans.
5. La salle du Rex est bleue. Elle est très jolie.
6. Mes grands-parents ont des cheveux gris.
7. Elles ont des cheveux blonds : elles sont très jolies !

ACCORD DE L'ADJECTIF QUALIFICATIF

	♂	♀
singulier	il est petit	elle est petite
	mince gros beau nouveau	mince grosse belle nouvelle
pluriel	ils sont petits	elles sont petites
	gros → gros gris → gris beau → beaux nouveau → nouveaux	grosses grises belles nouvelles

2   **Accordez les adjectifs qualificatifs :**

A
- Les voitures (*noir*) sont des voitures (*français*).
- Et les deux voitures (*rouge*) ?
- Elles sont (*italien*).

B
- Les (*nouveau*) TGV sont (*rouge*) ?
- Non, (*bleu*).

C
- Ma cousine Nathalie est (*grand*)
  avec des yeux (*gris*)
  et des cheveux très (*court*).
- Elle est (*joli*) ?
- Oui, très (*joli*) !

D
- André, vos réponses au
  test sont (*insuffisant*) !

E
- Les ordinateurs sont très (*fragile*).
- Vous trouvez ?

L'IMPÉRATIF

3   **Transformez les phrases en ordres. Comparez l'impératif et le présent :**

1. Tu lis *L'Avare* de Molière : c'est au programme de français.
2. Nous apprenons le français.
3. Vous faites vos devoirs aujourd'hui.
4. Tu viens avec nous.
5. Nous faisons attention.
6. Vous prenez un livre à la bibliothèque.

PARLER	APPRENDRE	LIRE
tu parles → parle ! nous parlons → parlons ! vous parlez → parlez !	tu apprends → apprends ! nous apprenons → apprenons ! vous apprenez → apprenez !	tu lis → lis ! nous lisons → lisons ! vous lisez → lisez !

ME, TE, SE...

★ Il **s'habille** mal
★ Il **se promène**
★ tu **t'appelles** comment ?
★ je **m'appelle** Alain
★ il **s'appelle** Alain

4   **Repérez le mot placé entre le sujet et le verbe :**

A
- Qu'est-ce qu'il fait ?
- Il s'entraîne pour les Jeux Olympiques.

B
- Adrien, tu te promènes sans imperméable ?
- Mais j'ai un blouson, maman !

C
- Rachid, on s'attend à l'entrée du ciné à 2 h ?
- D'accord !

D
- Julie, tu te regardes encore dans la glace ?
- Je me regarde dans la glace, et alors ?

SE PROMENER au présent		
je **me promène**	tu **te promènes**	il/elle/on **se promène**
S'APPELER au présent		
je **m'appelle**	tu **t'appelles**	il/elle/on **s'appelle**

Devant a, e, i, o, u, y, h :
me → m'   je **m'**appelle
te → t'   tu **t'**appelles
se → s'   il/elle/on **s'**appelle

5   **Conjuguez le verbe** S'HABILLER **au présent (je - tu - il/elle/on).**

★

6   **Remettez en ordre les mots des phrases :**

1. les / Michèle / longs / cheveux / a
2. grande / Janine / et / est / blonde
3. fille / grande / est / La / très / jeune
4. a / bleus / les / Mike Trevort / yeux
5. cousine / La / de / s'appelle / Sophie / Luc

7   **Transformez les questions en utilisant « Est-ce que ... ? » :**

1. Valérie a un chien ?
2. Tu regardes les documentaires à la télé ?
3. Aimez-vous le cinéma ?
4. Il lit des livres d'histoire ?
5. Elles sont ici ?

8 **Faites des phrases avec les éléments suivants.**
Conjuguez les verbes et accordez les adjectifs :

Elle					blond
Caroline					noir
Marion					bleu
Luc		des cheveux			vert
Alain	avoir	des yeux		très	gris
Il	être	un imperméable			grand
Mes cousines		un blouson			petit
Mes grands-parents					mince
					gros

9 Mike Trevort se présente : faites-le parler.

10 La sœur de Philippe se présente : faites-la parler.

Pense-bête ◖●●◗

- Il a des yeux bleus et des cheveux blonds.
*
- Elle est grande ?
- Elle est grande et mince.
*
- Elle est jolie ?
- Oui, très jolie !
*
- Il est beau !
- Tu trouves ?

Enquête

Les jeunes Français et la lecture

Révisez les articles indéfinis (p. 69)
« je préfère » (p. 87)
me, te se... (p. 95)
les verbes ALLER (p. 85), LIRE (p. 93)
et VENIR (p. 89)
les pourcentages (p. 137)

[y]	une rue	[u]	un blouson
	- Bonjour !		
	- Salut ! Tu es nouveau ?		
	- Où habites-tu ?		
	- 12, rue du Retour, à Toulouse.		
[u]	**ou** un blouson		

TENIR

Présent	*Impératif*
je tiens	tiens !
tu tiens	tenons !
il/elle tient	tenez !
nous tenons	
vous tenez	
ils/elles tiennent	

PAS DE...

★ Ils **n'**ont **pas de** romans policiers ?

1 **Observez ces exemples :**

J'ai **un** ballon   Je **n'**ai **pas de** ballon
Il a **une** voiture   Il **n'**a **pas de** voiture
Tu as **des** livres   Tu **n'**as **pas de** livres

Il a **un** ordinateur   Il **n'**a **pas d'**ordinateur
Nous avons **une** auto   Nous **n'**avons **pas d'**auto
Tu as **des** enfants   Tu **n'**as **pas d'**enfants

phrase affirmative	phrase négative
un **une** + **nom** **des**	**pas de** + **nom**

Devant a, e, i, o, u, h :
pas de → pas d'

2 **Mettez les phrases à la forme négative :**

1. Le pharmacien a une secrétaire.
2. Michèle a un cours d'italien le mardi matin.
3. Le professeur de maths a des élèves de 3e.
4. Marc a des devoirs aujourd'hui.
5. Elles lisent des romans de science-fiction.
6. Notre collège a un atelier de technologie.

CE (CET) - CETTE - CES

★ **cette** photo
★ **ces** bouquins
★ **ces** photos

ADJECTIFS DÉMONSTRATIFS		
	♂	♀
singulier	**ce** bouquin	**cette** photo
pluriel	**ces** bouquins / **ces** photos	

Devant a, e, i, o, u, h :
ce → cet   **cet** avion
cet homme

3 **Complétez par un adjectif démonstratif :**

A
- ■ aventure est bizarre !

B
- Tu aimes ■ roman de Jules Verne ?
- Oh oui ! ■ histoire est formidable !

C
- Je préfère ■ gâteaux : ils sont excellents.

D
- Regardez le plan de ■ appartement !

E
- Faites ■ travail aujourd'hui !

F
- J'ai rencontré ■ jeunes filles à Paris.

G
- ■ élève est sérieux ?
- Oui, il est très sérieux.

... NOUS, VOUS, SE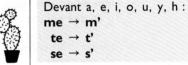

★ Vous **vous** dépêchez ?

★ Vous **vous** moquez de moi ?

LES VERBES PRONOMINAUX AU PRÉSENT

je	**me**	
tu	**te**	
il/elle/on	**se**	+ VERBE
nous	**nous**	
vous	**vous**	
ils/elles	**se**	

Devant a, e, i, o, u, y, h :
me → m'
te → t'
se → s'

4 **Conjuguez le verbe** SE PROMENER **au présent :**

je ■ promène   nous **nous** promenons
tu ■ promènes   vous ■ vous promenez
il/elle/on ■ promène   ils/elles **se** promènent

5 **Conjuguez le verbe** S'HABILLER **au présent :**

je ■ bien   nous ■ habillons bien
tu ■ chez Cacharel   vous ■ habillez chez Cacharel
il/elle/on ■ mal   ils/elles **s'**habillent mal

6 **Conjuguez le verbe** S'APPELER **au présent :**

je ■'appelle Alain   nous ■ appelons Durand
tu ■'appelles Pierre   vous ■ appelez Dupont
il/elle ■'appelle Claude   ils/elles ■'appellent Lemarchand

7 **Complétez par le verbe :**

A
- Tu ■ Jérôme ! Il est tard. *(s'habiller)*
- Mais je ■ maman, je ■ ! *(se dépêcher)*

C
- Comment ■ le chien de Valérie ? *(s'appeler)*
- Pif !
- Et comment ■ ses cousins ?
- Ils ■ Jean et Julien. *(s'appeler)*

B
- Jacques, tu vas au Rex dimanche ?
- Oui !
- Alors, on ■ devant le cinéma *(se retrouver)*

D
- Vous ■ aujourd'hui ? *(se promener)*
- Oui, je ■ avec mon chien.
  C'est jeudi ! *(se promener)*

Comparez :
me   te   se   nous   vous
mes tes ses nos   vos

8   **Posez les questions correspondant aux réponses :**

Exemple : <u>Quand</u> commence le cours de français ? Il commence <u>aujourd'hui</u>.

1 - ■ ? - Je lis <u>des livres de science-fiction</u>.
2 - ■ ? - <u>Non,</u> nous n'aimons pas les romans policiers.
3 - ■ ? - Ton livre est <u>à la bibliothèque</u>.
4 - ■ ? - <u>Sylvie n'est pas ici</u>, mademoiselle : elle est à l'école.
5 - ■ ? - Elle revient <u>à 13 h.</u>
6 - ■ ? - Nous lisons <u>une bande dessinée</u>.

9   **Remettez en ordre les mots des phrases :**

1. beaucoup / Claude / de / lit / policiers / romans
2. aventures / Ce / d' / finit / livre / mal / très
3. des / est / père / le / de / Jules Verne / romans / science-fiction
4. ? / de / *Les Misérables* / lis / Tu / Victor Hugo
5. ! / Christian / de / Je / me / moque / ne / pas / toi,

• **On s'en va**

je m'en vais	tu t'en vas	il s'en va
nous nous en allons	vous vous en allez	ils s'en vont

Pense-bête ●●

- Vous vous dépêchez ?
*
- Vous vous moquez de moi ?

Reportage

En direct d'une caserne de pompiers à Marseille

Révisez le verbe ALLER (p. 85)
les verbes pronominaux (p. 98)
les adjectifs possessifs (p. 90)
l'accord des adjectifs qualificatifs (p. 94)
« quel âge avez-vous ? » (p. 85)
les nombres ≥ 1 000 (p. 137)
les heures (p. 137)
la localisation (p. 135)

SE PROMENER
Présent

je me promène	nous nous promenons
tu te promènes	vous vous promenez
il/elle se promène	ils/elles se promènent

Interrogation

- Où est le secrétariat ?
- Quel âge as-tu ?
- Que faites-vous ?
- Comment travaillez-vous ?

LE FUTUR PROCHE

★ Demain, ils **vont sauver** un automobiliste.

verbe ALLER conjugué **+** VERBE à l'infinitif

1 **Repérez les phrases au futur proche :**

A
- Vous allez au cinéma ?
- Oui. Nous allons voir « Le Grand Bleu », et toi ?
- Je vais me promener avec Pilouface.

C
- Vous allez bien ?
- Oui, ça va, merci, et vous ?

B
- Tu vas où ?
- Je vais acheter un livre à la librairie Montaigne.

2 **Mettez les phrases au futur proche :**

1. Nous cherchons le réfectoire.
2. J'achète un journal.
3. Elle travaille à la bibliothèque du collège.
4. Vous avez une petite sœur ?
5. Ils s'habillent ?
6. Il arrive ce soir à 20 h.
7. Tu prends le train ?
8. Vous lisez ce livre ?

 UN AUTOMOBILISTE BLESSÉ

* un automobiliste **blessé**
* un ascenseur **bloqué**
* une bande **dessinée**

PARTICIPE PASSÉ (employé comme adjectif qualificatif)	
Nom + Participe passé	• un automobiliste blessé • une bande dessinée
Nom + ÊTRE + Participe passé	• un automobiliste est blessé • l'ascenseur est bloqué

Verbes du 1er groupe (infinitif **-er**) → participe passé **-é**   parl**er** → parl**é**

3   Repérez les participes passés :

1. Les livres préférés des enfants sont les livres sur les animaux.
2. Le chien photographié par Luc s'appelle Pilouface.
3. La maison bleue est habitée ? — Je ne sais pas.
4. La langue parlée au Luxembourg est le français.
5. Ils vont bien ? — Oui, ils sont sauvés !
6. La femme habillée en vert est anglaise.
7. Qui est-ce ? — Ce sont des automobilistes sauvés par les pompiers.

ACCORD DU PARTICIPE PASSÉ (employé comme adjectif)		
	♂	♀
singulier	un homme **blessé**	une femme **blessée**
pluriel	des hommes **blessés**	des femmes **blessées**

4   Écrivez le participe passé :

1. Sa réponse est très *(exagérer)* ?
2. Où sont-elles ?
   - Elles sont *(bloquer)* dans l'ascenseur.
3. Les gâteaux *(acheter)* à la boulangerie sont bons.
4. Mes romans *(préférer)* sont italiens.
5. Je n'aime pas les fenêtres *(fermer)*.
6. Chut ! Le film est *(commencer)*.

5   Remettez en ordre les mots des phrases :

1. passionnants / sont / vraiment / Tintin / albums / Les / de
2. va / dépannée / accidentée / voiture / être / La
3. maison / vais / à la / je / rester / Demain,
4. faites / vous / ici / Qu'est-ce que / ?
5. est / jeune / formidable / femme / blonde / La

6   **Corrigez les prépositions pour rendre les phrases logiques :**

1. Le lit est **sur** la table.

2. La fenêtre est **sous** la chaise.

3. Le mur est **dans** le fauteuil.

4. Le tapis est **sur** la salle à manger.

5. Le tableau est **sous** l'armoire.

6. Les rideaux sont **derrière** la fenêtre.

7   Dessinez le plan de votre appartement. Décrivez-le à votre voisin(e).

• *Il y a 20 000 pompiers*

8   **Faites des phrases logiques avec les éléments suivants.**

*Exemple : Dans mon appartement, **il y a** une grande cuisine, mais **il n'y a pas** de salle de bains.*

À la bibliothèque,
Au collège,
Au restaurant,   → **il y a** ■, mais **il n'y a pas** ■
Dans ma rue,
Chez moi,

• *Comment travaillez-vous ?*

9   **Répondez de manière logique aux questions suivantes :**

1 - Comment t'appelles-tu ? - ■

2 - Comment est la sœur de Philippe ? - ■

3 - Comment apprend-il le français ? - ■

4 - Comment allez-vous ? - ■

5 - Comment dit-on «pompier» dans votre langue ? - ■

10 ◉◉ **Écoutez et complétez une grille comme celle-ci :**

Nom
Rue
N°
Étage
Porte
Lieu de l'incendie

Pense-bête ◉◉

- Quel est votre métier ?
- Je suis pompier.
        *
- Que faites-vous ?
- Je lutte contre le feu.
        *
- Comment travaillez-vous ?
- Nous nous entraînons beaucoup.

FEUILLETON « LUC, ALAIN, CAROLINE ET LES AUTRES »
4ᵉ épisode : « Le frère de Marion »

Révisez le 3ᵉ épisode du feuilleton (p. 26)
les articles définis (p. 71)
le futur proche (p. 100)
le participe passé (p.101)
les verbes ÊTRE (p. 71) et AVOIR (p. 80)

VOULOIR		POUVOIR	
Présent	*Passé composé*	*Présent*	*Passé composé*
je veux	j'ai voulu	je peux	j'ai pu
tu veux		tu peux	
il/elle veut		il/elle peut	
nous voulons		nous pouvons	
vous voulez		vous pouvez	
ils/elles veulent		ils/elles peuvent	

Les lettres muettes	
au début d'un mot	« **h** » : un (**h**)omme - une (**h**)eure j'(**h**)abite
à la fin d'un mot	« **e** » : la rentré(**e**) - la ru(**e**) - l'altitud(**e**) - le pèr(**e**)
	une consonne : le secrétaria(**t**) - il es(**t**) - un hasar(**d**) - tourne(**z**) - dan(**s**) - tu parle(**s**) - le premie(**r**) - ils escalade(**nt**)

LE/LA/LES - DU/DE LA/DES

★ Tu aimes **la** purée ?
★ Tu prends **du** pain ?
★ Je déteste **les** lentilles.
★ Tu veux **de** l'eau ?

I Dans la liste suivante, certains objets peuvent être dénombrés, d'autres représentent une matière, une notion générale.

Recopiez le tableau et classez les noms dans la colonne correspondante :
un livre - un appartement - le feu - un film - le hasard - la gymnastique - un garçon - l'aventure - le sport - le pain - une voiture - une rue - les lentilles.

	Objets dénombrables	Matière ou notion générale non dénombrable
un livre	×	
le feu		×

MATIÈRE OU NOTION GÉNÉRALE NON DÉNOMBRABLE

Pour désigner l'ensemble	Pour désigner une partie
le pain	tu prends **du** pain ?
la purée	tu veux **de la** purée ?
les lentilles	je mange **des** lentilles.

le la les	ARTICLES DÉFINIS	de le → **du** de la → **de la** de les → **des**	ARTICLES PARTITIFS

Devant un nom commençant par a, e, i, o, u, h :
de le, de la → de l'
de l'argent,
de l'eau.

2   **Complétez par l'article qui convient :**

A
- Apprendre le français, ça prend ■ temps !
- Oui, mais c'est formidable !

B
- Vous avez ■ nouvelle voiture ?
- Oui, ■ Peugeot.
- Elle est très jolie.

C
- Vous voulez ■ eau ?
- Oui, merci !

D
- Nous avons ■ lentilles aujourd'hui.
- Oh ! J'adore ■ lentilles.

E
- Vous faites ■ sport ?
- Oui, nous faisons ■ gym et ■ vélo.

Comparez **les articles partitifs** (du / de la / de l' / des)
et **l'article défini après « de »** (p. 86)

LE PASSÉ COMPOSÉ

★ J'**ai rencontré** Laurent.
★ Il **a écouté** mon histoire.
★ Il **est arrivé** en retard.
★ Elle **est restée** à Paris.
★ J'**ai commandé** un jus de fruits.
★ Ça **a commencé** quand ?
★ Il s'**est penché** vers moi.
★ Ils **se sont promenés** dans le quartier.

« AVOIR » conjugué **+** participe passé du verbe			
PARLER au passé composé			
j' **ai**	parl**é**	nous **avons**	parl**é**
tu **as**	parl**é**	vous **avez**	parl**é**
il/elle **a**	parl**é**	ils/elles **ont**	parl**é**

Pour quelques verbes comme : **aller, arriver, entrer, monter, rester et les verbes pronominaux**			
« ÊTRE » conjugué **+** participe passé du verbe			
Dans ce cas, le participe passé s'accorde avec le sujet.			
MONTER au passé composé			
je **suis**	mont**é(e)**	nous **sommes**	mont**é(e)s**
tu **es**	mont**é(e)**	vous **êtes**	mont**é(e)s**
il **est**	mont**é**	ils **sont**	mont**és**
elle **est**	mont**ée**	elles **sont**	mont**ées**

3   **Conjuguez le verbe RENCONTRER au passé composé (avec AVOIR).**

4 **Repérez les verbes au passé composé (ils sont conjugués avec ÊTRE ou avec AVOIR ?) :**

A
- Pour le 14 Juillet, on a chanté la Marseillaise.
- À Paris ?
- Oui, à l'Opéra.

B
- Un chien est entré dans la cour du collège !
- Et alors ?
- Il est très dangereux.

C
- Monique est là ?
- Non, elle est restée à la maison.

D
- Aujourd'hui, les enfants n'ont pas de devoirs :
  ils ont beaucoup travaillé à l'école.

E
- Nous avons acheté un vélo pour Jérôme.

5 **Mettez les phrases au passé composé :**

1. M. et Mme Durand habitent à Nancy. Ils *(acheter)* leur appartement en 1988.
2. Dimanche, Francine *(jouer)* avec ses cousins de 10 h à midi.
3. Pendant les vacances, je *(aller)* à la piscine tous les jours.
4. À 6 ans, Zébulon *(escalader)* sa première falaise.
5. Tu *(rentrer)* tard hier soir ? — Je *(rentrer)* à minuit.

J'**ai rencontré** Laurent à la sortie du collège... Il **faisait** *(faire)* beau.
Dimanche, nous **sommes allés** au cinéma. C'**était** *(être)* bien !
En 1965, les parents de Marion **sont arrivés** à Paris. Ils **étaient** jeunes alors.
Tu **as parlé** avec Élodie ? — Non, elle n'**était pas** chez elle.
Nous **avons rencontré** Gilles : il **se promenait** *(se promener)* avec son chien !

★

6 **Remettez en ordre les mots des phrases :**

1. à / de / hôpital / l' / La / Luc / mère / travaille
2. du / pouvez / secrétariat. / téléphoner / Vous
3. avons / de / français. / le / Nous / professeur / rencontré
4. fruits / commandé / Luc / jus / a / de / un
5. a / blanc / du / fromage / Il / jours. / les / tous / y

7 **Écoutez et complétez :**

A
- Tu ■ ?
- Non, j'ai soif. Tu as ■ ?
- Non, mais ■
  ■ !

B
- Et vous, monsieur, ■ ?
- ■ viande ?
- Non, monsieur, ■ du poisson.
- Ah ! zut ! ■ le poisson !

• *Ça a commencé quand ?*

- Ça a commencé **quand ?** (familier)
- Quand est-ce que cela a commencé ?
  } - En décembre

- Tu viens **quand ?** (familier)
- **Quand est-ce que** tu viens ?
- **Quand** venez-vous ?
  } - Ce soir
  - Je viens à midi
  - Je viens lundi

8 Posez trois questions à votre voisin(e) en utilisant « quand ». Il/elle répond à vos questions. Vous répondez à ses questions.

Pense-bête 👁👁

- Tu manges à la cantine maintenant ?
- Pendant un trimestre.
*
- Tu viens quand ?
- Demain.
*
- Quand est-ce qu'il vient ?
- À 6 h.
*
- Quand venez-vous ?
- Lundi.
*
Il fait beau. ≠ ⎡ Il ne fait pas beau,
         ⎣ il fait mauvais.
Il fait chaud. ≠ Il fait froid.

Événement

Semaine de soldes aux Grands Magasins

Révisez « pas de » (p. 97)
les articles partitifs (p. 103)
au - aux (p. 84)
les nombres ordinaux (p. 137)

DIRE		METTRE	
Présent	*Impératif*	*Présent*	*Impératif*
je dis	dis !	je mets	mets !
tu dis	disons !	tu mets	mettons !
il/elle dit	dites !	il/elle met	mettez !
nous disons		nous mettons	
vous dites	*Passé composé*	vous mettez	*Passé composé*
ils/elles disent	j'ai dit	ils/elles mettent	j'ai mis

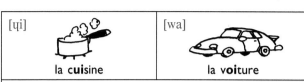

[ɥi]	la **cui**sine	[wa]	la **v**oiture

- Où est Antoine ce soir ?
- Il est dans la cuisine ; il choisit un jus de fruits.
- Tiens ! les Royer ont une nouvelle voiture.
- Les voisins du huitième ?
- Oui. Une voiture noire, très chère.
- Oh ! je vois !

[ɥi]	**ui** la cuisine
[wa]	**oi** la voiture

PAS DE - PLUS DE - JAMAIS DE

★ il **n'**y a **pas de** purée

★ il **n'**y a **pas de** temps à perdre...

1   **Observez ces exemples :**

1. j'achète **un** croissant	→	je **n'**achète **pas de** croissant
2. j'ai **une** robe longue	→	je **n'**ai **pas de** robe longue
3. nous avons **des** livres anglais	→	nous **n'**avons **plus de** livres anglais
4. ils ont **des** amis	→	ils **n'**ont **plus d'**amis
5. nous avons **du** pain	→	nous **n'**avons **pas de** pain
6. ils commandent **de la** bière	→	ils **ne** commandent **jamais de** bière
7. je veux **de** l'eau	→	je **ne** veux **pas** d'eau

PHRASE NÉGATIVE		Devant un nom commençant par a, e, i, o, u, h :
pas de **plus de** **jamais de**	+ **nom**	**de → d'**

2   **Mettez les phrases à la forme négative en utilisant**
pas de - plus de - jamais de :

1. Je commande un jus de fruits.
2. Vous achetez une galette des Rois.
3. Tu fais du vélo.
4. Au café, je prends de la bière.
5. Vous avez des livres français.

● *Il y a toujours de la purée.*

Caroline a **toujours** faim.
Marion porte **souvent** un pantalon au collège.   toujours - souvent - jamais
Zébulon n'a **jamais** peur.

3   **Faites six phrases avec** *toujours - souvent - jamais.*

● *j'ai un manteau*

j'ai
je porte ⎤ un manteau

je mets
≠ ⎤ mon manteau
je retire

4 **Complétez par l'un des verbes suivants :** *avoir - porter - mettre - retirer* :

1. À la maison, je ■ toujours mes chaussures.
2. En hiver, je ■ un manteau chaud.
3. Je ■ des gants quand il fait froid.
4. Stéphane, ■ ton manteau : nous sortons !
5. ■ votre imperméable, il fait chaud ici !
6. Quelle robe vas-tu ■ pour l'anniversaire de grand-mère ?
   - Ma robe bleue.
7. Mme Lapointe ■ toujours un chapeau.
8. Tu ■ une nouvelle robe ? - Non, c'est la robe de ma grande sœur !
9. Les garçons, ■ d'abord vos chaussures puis votre pantalon !
10. Elle ■ un chemisier blanc et une jupe écossaise.

5 Quels vêtements portez-vous : *toujours ? souvent ? jamais ? aujourd'hui ?*

6 Vous décrivez un(e) élève de la classe aux autres élèves. Ils (elles) doivent deviner son nom.

Exemple : Elle porte une jupe blanche et un chemisier vert. Qui est-ce ?

Pense-bête ●●

- Il porte un manteau beige.
- Pour sortir, elle met une robe.
- Retirez votre manteau, il fait chaud !
- Il a plusieurs costumes.
  *
- Je porte toujours des vêtements bleus.
- Elle mange souvent à la cantine.
- Je n'ai jamais chaud !

Enquête

Françoise Martin, 13 ans. Profession : mannequin.

Révisez les verbes POUVOIR et VOULOIR (p. 103)
le passé composé (p. 104)
les verbes pronominaux (p. 98)
l'impératif (p. 94)
l'heure (p. 137).
Apprenez les parties de la tête (p. 136)

FINIR (CHOISIR)

Présent	*Impératif*
je finis	finis !
tu finis	finissons !
il/elle finit	finissez !
nous finissons	
vous finissez	*Passé composé*
ils/elles finissent	j'ai fini

[b] une **b**icyclette	[v] un **v**élo

- Allo ? Bonjour ! Vous êtes Véronique Barton ?
- Oui, c'est moi !
- C'est la librairie Voltaire : votre livre sur Balzac est arrivé.
- Vraiment ? Je viens ! merci !

[b]	**b** une bicyclette
[v]	**v** un vélo

L'IMPÉRATIF (suite)

* **Dépêchez-vous !**
* **Lève-toi !**

VERBES PRONOMINAUX À L'IMPÉRATIF

Présent de l'indicatif	*Impératif*
tu **te** dépêches	→ dépêche-**toi** !
nous **nous** dépêchons	→ dépêchons-**nous** !
vous **vous** dépêchez	→ dépêchez-**vous** !

À l'impératif : **te → toi**

I   Transformez les phrases en ordres :

1. François, Patrick, vous vous lavez.
2. Luc, tu te lèves ? Il est tard.
3. Nous nous entraînons pour le Tour de France.
4. Clémentine, tu te laves et tu t'habilles.
5. Les enfants, vous vous promenez avec le chien.

LE PASSÉ COMPOSÉ (suite)

★ On **n'**a **pas** fini !

2   **Observez les exemples suivants :**

Tu **n'**as **pas** parlé en classe.   Nous **n'**avons **pas** rencontré Marion.
Il **n'**est **pas** arrivé en retard.   Nous **ne** sommes **pas** allés au cinéma.

VERBES AU PASSÉ COMPOSÉ (forme négative)			
sujet	ne n'	**AVOIR** **ÊTRE**	**pas** + participe passé

3   **Conjuguez le verbe** PARLER **au passé composé (forme négative) :**

je **n'ai pas** parlé d'Alain   nous ■ anglais avec notre cousine
tu ■ à Caroline   vous ■ au cinéma
il/elle/on ■ français en classe   ils/elles ■ au professeur

4   **Conjuguez le verbe** ARRIVER **au passé composé (forme négative) :**

je ne suis pas arrivé(e) en retard   nous ■ en retard
tu ■ en retard   vous ■ en retard
il ■ en retard   ils ■ en retard
elle ■ en retard   elles ■ en retard

5   **Conjuguez les verbes** RENCONTRER **et** ENTRER **au passé composé (forme négative).**

6   **Mettez les phrases suivantes au passé composé :**

1. Vous ne téléphonez pas à la police ?   4. Elles ne rentrent pas tard.
2. Je ne dis pas à Françoise de venir.   5. Nous ne cherchons pas la rue Lamartine.
3. Madeleine ne met pas sa robe blanche.   6. Tu ne finis pas tes devoirs ?

7   **Remettez en ordre les mots des phrases :**

1. salle / à / sommes / Nous / manger / la / dans
2. vas / en / tu / Dépêche-toi, / être / retard
3. restée / à la / aujourd'hui / Elle / n'est / cantine / pas
4. répondre / Vous / maintenant / pouvez / ne / pas ?
5. fini / Je / mon / rentré / n'ai pas / travail / je / parce que / tard / suis.

8   **Remettez en ordre les répliques des dialogues :**

A
a - Pourquoi ? Vous n'avez pas fini votre travail ?
b - Non, je n'ai pas le temps !
c - Non, pas encore.
d - Vous venez au cinéma ?

B
a - Tu t'en vas ?
b - Oh ! oui, merci !
c - Tu veux venir en voiture avec moi ?
d - Oui, je suis en retard.

Pense-bête 👓

- Votre fille est mannequin ?
- Comment a-t-elle commencé ?
- Vous aimez ce métier ?
- Vous gagnez de l'argent ?
- Plus tard, vous voulez être mannequin ?

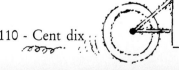

Vie pratique

À la poste à Lille

Révisez quel, quelle, quels, quelles (p. 84)
les adjectifs démonstratifs (p. 97)
les verbes FAIRE (p. 89), VOULOIR (p. 103),
LIRE (p. 93)
les nombres (p. 137)
Apprenez l'argent français (p. 136)

VOIR

Présent	*Impératif*
je vois	vois !
tu vois	voyons !
il/elle voit	voyez !
nous voyons	
vous voyez	*Passé composé*
ils/elles voient	j'ai vu

[ɛ̃] un timbre	[ɑ̃] français	[ɔ̃] un ballon

- Alain, voilà un timbre cubain pour ta collection !
- Merci.
- Qu'est-ce que tu fais ?
- J'apprends ma leçon de français : j'ai cinq exercices
de conjugaison pour demain !

[ɛ̃]	**in** un mannequin **im** (p/b) un timbre
	ain du pain « **un** »

« ALLER » ET « FAIRE » AU PASSÉ COMPOSÉ

1 **Conjuguez le verbe** ALLER **au passé composé (avec** ÊTRE**) :**

je **suis allé(e)** à la poste   nous ■ au réfectoire
tu ■ à la bibliothèque   vous ■ au secrétariat
il ■ au collège   ils ■ à Paris
elle ■ au collège   elles ■ à Paris

2 **Conjuguez le verbe** FAIRE **au passé composé (avec** AVOIR**) :**

j'**ai fait** du football   nous ■ du football
tu ■ de la gymnastique   vous ■ de la gymnastique
il/elle/on ■ des gâteaux   ils/elles ■ des gâteaux

3 **Mettez les phrases au passé composé :**

A
- Tu *(faire)* tes devoirs ?
- Oui, mais je *(pas finir)*.

B
- Pierre, tu *(aller)* au cinéma dimanche ?
- Non, Christian et moi, nous *(aller)* à la piscine.

C
- Vous *(faire)* du football au collège ?
- Oui, nous *(faire)* du football et du volley avec le prof de gym.

• *Combien coûte la carte de 50 unités ?*

- Combien coûte la carte de 50 unités ? - 40 F
- La carte de 50 unités coûte combien ? - Elle coûte 40 F

4   **Demandez le prix des objets suivants. Répondez :**

1. chaussures - 450 F   4. imperméable - 670 F
2. timbre - 2,50 F   5. livre - 45 F
3. gants - 120 F   6. appartement - 870 000 F

5   **Complétez les phrases par l'un des mots de la liste suivante. Accordez :**
annuaire - carte postale - lettre - télécarte - timbre.

1. Nous avons acheté des ■■ à Paris, mais les couleurs ne sont pas très jolies.
2. Je cherche un numéro de téléphone dans ■■
3. Le nouveau ■■ de 10 F est superbe.
4. Je ne peux pas téléphoner de cette cabine : je n'ai pas de ■■
5. Pour le Japon, envoyez vos ■■ par avion.

6   **Posez les questions correspondant aux réponses :**

1 - ■■ ? - Je m'appelle Michèle Dumont.
2 - ■■ ? - J'habite en France.
3 - ■■ ? - Oui, je suis française.
4 - ■■ ? - J'ai 13 ans.
5 - ■■ ? - Juliette est blonde et grande.
6 - ■■ ? - Ce vélo coûte 800 F.

7 - ■■ ? - Mon numéro de téléphone
            est le 54 78 12 47
8 - ■■ ? - C'est mon frère.
9 - ■■ ? - Mais c'est Solange.
10 - ■■ ? - C'est un chapeau !

7   **Complétez les questions par** quel. **Accordez** quel :

1 - ■■ gâteau mangez-vous ?
   - Je mange une charlotte.
2 - ■■ films préférez-vous ?
   - Je préfère les films de Charlot.
3 - ■■ est le nom de la sœur de Philippe ?
   - Elle s'appelle Patricia.

4 - ■■ bottes mettez-vous ?
   - Les bottes noires.
5 - ■■ est la passion de Zébulon ?
   - Sa passion, c'est l'escalade.
6 - Vous achetez ■■ robe ?
   - La robe bleue.

★ **Je voudrais** une télécarte.

Pense-bête ◉◉

- Avez-vous un annuaire, s'il vous plaît ?
- Deux timbres, s'il vous plaît.
- Je voudrais une télécarte.
               *
- Combien coûte la carte de 50 unités ?
- Vous n'avez pas de monnaie ?

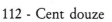

BILAN DES NUMÉROS 3 ET 4

1 ⏯ **Écoutez et complétez :**

1 - Vous connaissez mon ■ ?
2 - Thomas ? Oui, bien sûr, c'est l'ami de mon ■ Jacques.
3 - Le ■ de votre ■ Jean-Louis ?
4 - Non, lui, c'est Olivier. Jacques est le ■ de ma ■ Juliette, la ■ de mon ■
5 - Oh ! là ! là ! Quelle ■ !
6 - Ce n'est pas fini : j'ai aussi sept ■ et quatre ■ !

2 **Posez les questions correspondant aux réponses :**

1 - ■ ? - Elle est petite et mince.
2 - ■ ? - Il est midi.
3 - ■ ? - Françoise a 13 ans.
4 - ■ ? - Mercredi ? Je vais à la piscine !
5 - ■ ? - Non, il fait froid.

6 - ■ ? - Non, il n'y a pas de romans ici !
7 - ■ ? - Nous rentrons ce soir.
8 - ■ ? - Non, je ne veux pas de cravate !
9 - ■ ? - Oui, très jolie.
10 - ■ ? - Un timbre pour l'Italie ? 4,50 F !

3 **Complétez les phrases avec les adjectifs de la liste suivante. Accordez :**
bleu - brun - court - grand - jeune - joli.

La ■ sœur de Luc s'appelle Patricia. Patricia est ■ . Elle a les yeux ■ et les cheveux
■ et ■ . Elle a dix ans : elle est ■ pour son âge.

4 **Décrivez l'image en utilisant la préposition qui convient :**

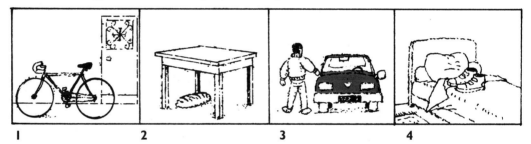

1   2   3   4

1 - Le vélo est ■ la porte.   2 - Le pain est ■ la table.   3 - Le garçon est   la voiture.
4 - Les chaussures sont ■ le lit.

5 **Complétez par l'adjectif démonstratif qui convient :**

1. ■ robe est à toi ?
2. ■ pantalon vert est à moi.
3. ■ livres sont des livres de français.

6 **Transformez les phrases pour utiliser un adjectif possessif :**

1. Vous connaissez le professeur de français de Sophie ? → Vous connaissez ■ ?
2. La voiture de M. et Mme Dupont a été accidentée. → ■ a été accidentée.
3. Le chien jaune est à nous. → C'est ■ .

7 **Mettez le journal de Caroline : a) au présent** (Aujourd'hui, . . .) ; **b) au futur proche**
(Demain, . . .) ; **c) au passé composé** (Hier, . . .).

Je ■ *(manger)* à 7 h. À 8 h, je ■ *(arriver)* à la porte du collège. Les cours ■ *(commencer)*
à 8 h 30. De 10 h à 10 h 15, je ■ *(jouer)* dans la cour : c'est la récréation. À midi, je ■
(rentrer) à la maison pour déjeuner. Je ■ *(travailler)* jusqu'à 19 h. Mes parents et moi,
nous ■ *(dîner)* à 20 h. Après le dîner, je ■ *(regarder)* la télévision jusqu'à 21 h, 21 h 30.

FEUILLETON « LUC, ALAIN, CAROLINE ET LES AUTRES »

5ᵉ épisode : *« Sauvez les phoques »*

Révisez les 2ᵉ et 4ᵉ épisodes du feuilleton (pp. 16 et 36)
les verbes pronominaux (p. 98)
les adjectifs démonstratifs (p. 97)
les parties du corps (p. 136)

ATTENDRE (VENDRE)

Présent	*Impératif*
j'attends	attends !
tu attends	attendons !
il/elle attend	attendez !
nous attendons	
vous attendez	
ils/elles attendent	

Passé composé
j'ai attendu

DEVOIR

Présent
je dois
tu dois
il/elle doit
nous devons
vous devez
ils/elles doivent

Passé composé
j'ai dû

Contractions

- Beuh ! ce n'est pas un phoque...
[Beuh ! c(e) (n')est pas un phoque...]

- Je veux bien !
[J(e) veux bien !]

- Il n'était pas en classe, ce matin !
[Il (n')était pas en classe, c(e) matin !]

- Ah non ! Je n'aime pas les animaux.
[Ah non ! J(e) (n')aime pas les animaux.]

L'IMPARFAIT

★ En 1950, ils **étaient** 50 000.
★ Il n'**était** pas en classe, ce matin.
★ Alain n'**était** pas chez lui quand je suis rentré.
★ J'ai rencontré Laurent à la sortie du collège... Il **faisait** beau.
★ Nous avons rencontré Gilles dans la rue, il se **promenait**...

PARLER À L'IMPARFAIT

parl **er**

je parl**ais**	nous parl**ions**
tu parl**ais**	vous parl**iez**
il/elle parl**ait**	ils/elles parl**aient**

À l'imparfait, tous les verbes
ont les mêmes terminaisons.

I **Conjuguez le verbe ÊTRE à l'imparfait :**

j'**étais** malade	nous **étions** au Danemark
tu **étais** malade	vous **étiez** en France
il/elle/on ■ en classe	ils/elles ■ 50 000 en 1950

2 **Complétez la conjugaison du verbe** AVOIR **à l'imparfait :**

j'**avais** faim   nous **avions** faim
tu ■ un chien   vous ■ un chien
il/elle/on ■ peur   ils/elles ■ peur

3 **Repérez les verbes à l'imparfait :**

A
- Nous sommes allés à la piscine :
  l'eau était bonne.

B
- Comment va-t-il ?
- Hier, il allait bien ; aujourd'hui, je ne sais pas.

C
- Autrefois, Paris s'appelait Lutèce.
  C'était un petit village dans l'île
  de la Cité.

D
- J'étais malade de peur pendant le test
  de maths.
- Tu avais peur ! Pourquoi ? Tu es fort en maths !

E
- Vous étiez en France en août dernier ?
- Non, nous étions au Danemark.

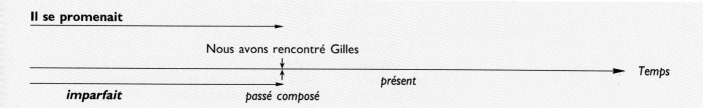

Il se promenait

Nous avons rencontré Gilles

imparfait   *passé composé*   *présent*   *Temps*

4 **Imparfait ou passé composé : mettez les verbes au temps qui convient.**

1. Hier, je *(sortir)* avec mes parents. Il *(faire)* très chaud.
2. Mercredi, nous *(aller)* à la piscine : l'eau *(être)* très bonne !
3. Hier, ils *(rester)* à la maison : il *(faire)* froid !
4. Ce matin, je *(téléphoner)* au docteur Deroche, mais son téléphone *(ne pas marcher)*.
5. Vous *(écouter)* le professeur Machin à la radio ? — Oui, ce *(être)* passionnant !

ME - TE - LUI...

* je **te** téléphone...
* ça **m'**est égal

PRONOMS PERSONNELS COMPLÉMENTS
(construction indirecte : après « à »)

je téléphone **à Luc**	je **ne** téléphone **pas** à Luc
je **lui** téléphone	je **ne lui** téléphone **pas**

singulier	♂ ♀
	me
	te
	lui

Devant un verbe
commençant par
a, e, i, o, u, h :

me → m',
te → t'

5   **Remplacez les mots soulignés par des pronoms personnels :**

1. Je téléphone (à toi) aujourd'hui.
2. Aglaé donne 50 F à sa sœur.
3. Nous demandons à François d'acheter du pain.
4. Tu donnes des timbres à ton copain?
5. Je parle (à toi) : tu écoutes (à moi)? — Mais oui, j'écoute (à toi)!
6. Vous demandez l'emploi du temps à la secrétaire.

6   **Posez les questions correspondant aux réponses :**

1 - ■ ? - Oui, j'ai 39.
2 - ■ ? - Françoise et Monique sont malades aujourd'hui.
3 - ■ ? - Mon voisin s'appelle Rougier.
4 - ■ ? - Oui, j'aime le cinéma!
5 - ■ ? - Non, ce n'est pas contagieux.

7   **Recopiez et complétez ce mini-lexique. Faites des phrases avec les mots de la deuxième colonne :**

Familier	Non familier
Elles sont comment les affiches?	■
Montre !	■
Moche.	Laid(e)
On fait ça ensemble...	Nous nous occupons de cela ensemble...
Ça coûte combien?	Cela coûte combien? Combien cela coûte-t-il?
Elle est froussarde	Elle est peureuse

● *J'ai mal à la gorge*

j'ai mal à la gorge   j'ai mal au ventre
j'ai mal à la tête   j'ai mal au dos

8 **Écoutez et complétez :**

1 - Allo? Ici la ■ du ■ Legrand.
2 - Bonjour ■, je suis madame Laugier.
   Je voudrais ■
3 - C'est pour vous?
4 - Non, pour ■
5 - ■ ?

6 - Il a ■ et au ventre.
7 - Il a de la ■ ?
8 - Oui, ■. ■ le ■ peut venir chez nous?
9 - Il peut venir ce soir ■
10 - ■. Merci. ■
11 - ■

★ il est **sûrement** en danger
★ elle est **très** froussarde
★ elle est **vraiment trop** bête

Pense-bête

- Vous êtes malade?
- Oui, j'ai de la fièvre.
          *
- Vous avez de la fièvre?
- Oui, j'ai 40.
          *
- Où avez-vous mal?
- J'ai mal à la gorge.
          *
- C'est grave?
- Non, mais c'est contagieux.

Événement

Ouverture du centre sportif de Pordec en Bretagne

Révisez l'imparfait (p. 114)
me, te, lui (p. 115)
les adjectifs possessifs (p. 90)
le futur proche (p. 100)
l'argent français (p. 136)
Repérez la Bretagne sur la carte de France (p. 134)

PRENDRE (COMPRENDRE/APPRENDRE)		OUVRIR (OFFRIR)	
Présent	*Passé composé*	*Présent*	*Passé composé*
je prends	j'ai pris	j'ouvre	j'ai ouvert
tu prends		tu ouvres	
il/elle prend		il/elle ouvre	
nous prenons		nous ouvrons	
vous prenez	*Impératif*	vous ouvrez	*Impératif*
ils/elles prennent	prends !	ils/elles ouvrent	ouvre !
	prenons !		ouvrons !
Imparfait	prenez !	*Imparfait*	ouvrez !
je prenais		j'ouvrais	
nous prenions		nous ouvrions	

[œ]	le fac**teu**r	[ø]	les chev**eux**

- Qui est le jeune avec les cheveux longs ?
- C'est le deuxième facteur. Il travaille le jeudi.
- Et la fille avec les yeux bleus ?
- Et la robe à fleurs ?
- Oui.
- Heu... C'est la sœur du père d'Eugène.

[œ]	**eu** le facteur	**œu** la sœur
[ø]	**eu** jeudi	

... NOUS, VOUS, LEUR

★ Nous **leur** offrons...

PRONOMS PERSONNELS COMPLÉMENTS
(construction indirecte : après « à »)

♂♀

sujet + me / te / lui / nous / vous / leur + verbe

1 **Remplacez les mots soulignés par les pronoms personnels :**

1. Nous offrons des fleurs <u>à nos grands-parents</u> pour leur anniversaire.
2. Vous donnez une robe <u>à votre fille</u>.
3. Le professeur parle <u>à nous</u> en français.
4. Ils demandent <u>à vous</u> le chemin du marché.
5. Tu dois 50 F <u>au pharmacien</u>.

L'IMPARFAIT (suite)

★ Avant, vous **pouviez** faire du sport...

2 **Recopiez et complétez le tableau :**

INFINITIF	PRÉSENT 2ᵉ pers. plur.	IMPARFAIT 2ᵉ pers. sing.	2ᵉ pers. plur.
aller	vous all**ez**	tu all**ais**	vous all**iez**
mettre	■	tu mett**ais**	■
pouvoir	■	tu pouv**ais**	■
vouloir	■	tu voul**ais**	■
tenir	■	tu ten**ais**	■
venir	■	tu ven**ais**	■
lire	vous lis**ez**	tu lis**ais**	■
faire	(vous faites)	tu fais**ais**	vous fais**iez**
dire	(vous dites)	tu dis**ais**	vous dis**iez**

3 **Examinez ces phrases : quels sont les verbes au passé composé ? à l'imparfait ? Pourquoi ?**

A
- Patricia est rentrée hier soir.
- Elle n'était pas chez elle ?
- Non, elle était à l'hôpital : elle était malade.

C
- Vous avez vu la finale de Roland-Garros ?
- Oui, c'était formidable !

E
- Hier, je me suis couché à 20 h : j'étais fatigué.

B
- Qu'est-ce que tu as fait hier ?
- J'ai vu « Les Plus » au Zénith.
- Il y avait du monde ?
- C'était plein.

D
- Tu as déjà mangé ?
- Oui, j'avais faim.

4 **Posez des questions pour compléter les phrases suivantes. Répondez de manière logique :**

1 - ■ ? - Nous faisons du volley dans ■
2 - ■ ? - Les cours de tennis coûtent ■
3 - ■ ? - Ça va dépendre de ■
4 - ■ ? - ■ va à la piscine le jeudi.
5 - ■ ? - Zébulon fait de l'escalade avec ■

5 **Remettez en ordre les mots des phrases :**

1. a / centre / nouveau / Pordec / sportif / un
2. aux / centre / jeunes / Le / s'adresse / sportif / surtout

3. activités / attendent / des / jeunes / Les / les / tarifs
4. 300 / cours / coûtent / de / F / judo / Les / mois / par
5. dans / jeunes / jouent / la / la / Les / ou / plage / rue / sur

• *C'est très cher - c'est trop cher*

6 ⚫⚫ **Écoutez et complétez :**

A

- ■ cette robe?
- 1 550 F.
- ■ !
- Oui, mais ■ de Dori.
- De Dori? Alors ■.

B

- Tu ■ le sac ■ aux Grands Magasins?
- Non, ■ !
- Il ■ combien?
- ■.
- ■, pour ■ ? C'est vraiment ■ !

7 **Faites trois phrases avec « très » et trois phrases avec « trop ».**

Pense-bête ⚫⚫

- Tu fais du sport?
- Oui, je fais du judo, de la gym et je joue au ping-pong.
- Tu es très sportive!

Enquête

Les jeunes Français et leur argent de poche

Révisez l'impératif (p. 94)
les adjectifs possessifs (p. 90)
les vêtements (p. 39)
l'argent français (p. 136)

SAVOIR

Présent	*Passé composé*
je sais	j'ai su
tu sais	
il/elle sait	*Impératif*
nous savons	sache!
vous savez	sachons!
ils/elles savent	sachez!

Imparfait
je savais
nous savions

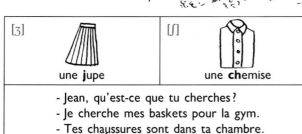

[ʒ]	une **j**upe	[ʃ]	une **ch**emise

- Jean, qu'est-ce que tu cherches?
- Je cherche mes baskets pour la gym.
- Tes chaussures sont dans ta chambre.

[ʒ]	**j** une jupe	**g** (e/i/y) l'argent
[ʃ]	**ch** une chemise	

L'IMPÉRATIF (suite)

* **Ne cherchez pas** !

PHRASE NÉGATIVE		Devant un verbe commençant par a, e, i, o, u, h : **ne → n'**
parle ! →	**ne** parle **pas** !	
parlons ! →	**ne** parlons **pas** !	
parlez ! →	**ne** parlez **pas** !	

I   **Repérez les verbes à l'impératif :**

1. Ne traversez pas la rue sans regarder à gauche puis à droite : c'est dangereux !
2. Ne mange pas de gâteaux : tu vas être malade !
3. Je m'habille, n'entrez pas !
4. Ne cherchez pas : il n'est pas là !
5. Ne venez pas ce soir : Alice est au cinéma !

2   **Transformez les phrases en ordres :**

1. Pierre, tu n'écoutes pas ces garçons : ils sont stupides.
2. Nous n'allons pas là, c'est dangereux !
3. Vous ne mettez pas de radiateur électrique dans la salle de bains !
4. Tu ne fais pas de bruit : tout le monde dort !
5. Vous ne rentrez pas trop tard !

3   **Remettez en ordre les mots des phrases :**

1. achète / argent / Avec / bonbons / de / des / j' / mon / poche
2. à / chien / de / la / maison / Mon / ne / pas / père / veut
3. courses / des / faisons / Nous / pour / voisin / un
4. à/ argent / de / Demandez / l' / oncle / votre
5. à / à / appartement / appartement / contre / échangeons / Nice / notre / Nous / Paris / un

• *Échanger X contre Y*

4   **Rédigez une petite annonce sur le modèle suivant :**

> Échange patins à roulettes contre planche.
> Stéphane

Lisez votre annonce aux autres élèves de la classe et vérifiez si une autre annonce répond à la vôtre.

• *Combien coûte... ?*   *Combien vaut... ?*
Ça fait combien ?   *Quel est le prix de... ?*

5   **Posez les questions correspondant aux réponses :**

1 - ■ ? - Cette robe coûte 320 F.
2 - ■ ? - Le prix de cette cuisinière ? Je ne sais pas.
3 - ■ ? - Les chaussures noires coûtent 400 F et les blanches coûtent 300 F.
4 - ■ ? - Ça vous fait 30 F avec les bonbons.
5 - ■ ? - La jupe rouge ? 250 F, Mademoiselle !

• *Ton pull me plaît beaucoup*

il me plaît   +   −   il ne me plaît pas

il me plaît beaucoup ++   − −   il ne me plaît pas du tout

6   **Complétez la phrase par l'expression qui convient :**

1. Le vélo de Jérôme ■ (++)
2. Ce cadeau ■ (− −)
3. Votre nouvelle voiture vous plaît ? — Oui, elle ■ (++)
4. Leur appartement ■ (+) — Il vous plaît ? Moi, il ■ (− −)
5. Ça te plaît ? — Non, ça ■ (−) !

Pense-bête ⊙⊙

- Combien coûte ce livre ?
- Il coûte 85 F.

       *

- Quel est le prix de ce livre ?
- Il vaut 85 F.

       *

- Vous avez de la monnaie ?
- Non, j'ai un billet de 50 F.

       *

- Tu as de l'argent ?
- Non, je n'ai pas un sou.

Reportage

En direct du métro de Paris

Révisez le verbe FAIRE (p. 89)
              l'imparfait (p. 114)
              l'impératif (p. 94)
              me, te, lui, nous, vous, leur (p. 117)
Apprenez à lire le plan du métro parisien (p. 135)
Repérez sur ce plan les stations citées dans le reportage.

CROIRE

Présent	*Passé composé*
je crois	j'ai cru
tu crois	
il/elle croit	
nous croyons	
vous croyez	*Impératif*
ils/elles croient	crois !
	croyons !
Imparfait	croyez !
je croyais	
nous croyions	

L'IMPÉRATIF (suite)

I **Observez :**

	présent		*impératif*
Tu **me** fais peur	→	Fais-**moi** peur !
Tu **lui** donnes ton livre	→	Donne-**lui** ton livre !
Vous **nous** téléphonez	→	Téléphonez-**nous** !
Nous **leur** offrons des fleurs	→	Offrons-**leur** des fleurs !

Verbe à l'impératif + **moi lui nous leur** + !

À l'impératif : **me** → **moi**

2 **Repérez les verbes à l'impératif :**

1. Offrez-lui un cadeau pour son anniversaire !
2. Parlez-leur : ils ne me comprennent pas !
3. Dis-lui bonjour !
4. On s'en va, habille-toi !
5. Dépêchons-nous : nous sommes en retard !
6. S'il vous plaît, donnez-leur de la glace !

3 **Transformez ces phrases en ordres :**

1. Tu lui parles.
2. Vous nous achetez du pain.
3. Nous lui apprenons le français.
4. Tu me donnes du café.
5. Vous lui lavez les mains.
6. Vous leur chantez une chanson.

L'IMPARFAIT (suite)

★ Au début, je **portais** des lunettes noires...

4 **Recopiez et complétez le tableau suivant :**

INFINITIF	PRÉSENT 2e pers. pluriel	IMPARFAIT 2e pers. singulier	IMPARFAIT 2e pers. pluriel
connaître	vous connai**ssez**	tu connaiss**ais**	vous connaiss**iez**
voir	■	tu voy**ais**	vous voy**iez**
acheter	■	■	■
envoyer	■	■	■
attendre	■	■	■
devoir	■	■	■
ouvrir	■	■	■
prendre	■	■	■
finir	■	■	■
savoir	■	■	■
croire	■	■	■

5 🔲 **Écoutez et complétez :**

A
- L'Opéra ▪ ?
- Descendez ▪ stations.
- ▪ !

B
- ▪ l'Étoile ?
- ▪ la ligne Nation-Étoile.
- ▪

6   **Remettez en ordre les mots des phrases :**

1. dans / le / métro / me / parisien / perds / Je
2. du / du / est / la / Louvre / Louvre / musée / station
3. Chaque / de / deux / jour / le / métro / millions / Parisiens / prennent
4. aller / au / collège / le / métro / pour / prenez / Vous / ?

7   **Combinez les membres des phrases de chaque colonne en restant logique :**

1	2	3
Je prends le métro		elle n'est pas d'accord avec moi.
Je vais à l'école	et	il pleut.
Nous prenons un parapluie	mais	j'habite Paris.
Vous venez avec nous	ou	je prends des leçons de tennis.
Elle m'aime beaucoup	parce que	vous restez à la maison ?

Pense-bête 🔲

- Pour aller à l'Opéra ?
- Changez à République et prenez la direction Balard.
*
- La station Chaussée-d'Antin ?
- C'est la prochaine !
*
- Nation ?
- Descendez dans trois stations.
*
- Gare de l'Est, c'est sur la ligne 7 ?
- Oui, la ligne Courneuve-Mairie-d'Issy.

FEUILLETON «LUC, ALAIN, CAROLINE ET LES AUTRES»
6ᵉ épisode : « Dénouement »

Révisez les 4ᵉ et 5ᵉ épisodes du feuilleton (pp. 36 et 46)
l'imparfait (p. 114)
le futur proche (p. 100)
le participe passé (p.101)

PARTIR (SORTIR)		ÉCRIRE	
Présent	*Passé composé*	*Présent*	*Passé composé*
je pars	je suis parti(e)	j'écris	j'ai écrit
tu pars		tu écris	
il/elle part		il/elle écrit	
nous partons		nous écrivons	
vous partez	*Impératif*	vous écrivez	*Impératif*
ils/elles partent	pars !	ils/elles écrivent	écris !
	partons !		écrivons !
Imparfait	partez !	*Imparfait*	écrivez !
je partais		j'écrivais	
nous partions		nous écrivions	

	[R]		[l]	
		une **r**ue		la voi**l**e

- Allo, Caroline, tu connais la nouvelle ? Alain est à Paris !
- Il est rentré ?
- Il est arrivé lundi à Orly avec ses parents.
- Je l'appelle ! Merci ! Au revoir Luc !

[R]	**r** une rue	**rr** bizarre
[l]	**l** la	**ll** le collège

MOINS - PLUS - AUSSI

★ Des cocotiers **plus hauts que** des maisons !

I   **Observez les phrases suivantes :**

1. Le programme de 5ᵉ est **plus** facile **que** le programme de 3ᵉ.
2. L'Arche de la Défense est **aussi** haute **que** Notre-Dame.
3. Je suis **moins** grand **que** toi, mais je suis **plus** mince !
4. En Belgique, la mer est **moins** chaude **qu'**en Italie.
5. Martine est **plus** curieuse **que** moi : elle sait tout !
6. Cette jupe est **aussi** chère **qu'**une robe.
7. Le train est **plus** rapide **que** la voiture.
8. Il est **aussi** sympa **que** sa sœur ?
   - Oui, mais elle est **plus** gentille **que** lui.

plus + adjectif + **que** → >
aussi + adjectif + **que** → =
moins + adjectif + **que** → <

plus + bon + **que** → **meilleur que**
plus + mauvais + **que** → **pire que**

Devant
a, e, i, o, u, y, h :
que → qu'

2 **Remplacez les signes par** « plus... que » - « moins... que » - « aussi... que » :

A
- Bizarre ! Cette écharpe est *(= chère)* un chemisier.
- Bien sûr : c'est une écharpe de Dior !

B
- François est *(> intelligent)* son frère.
- C'est vrai, mais il est *(< travailleur)* !

C
- Marianne *(> drôle)* Michèle.
- Peut-être, mais Michèle est *(> bonne élève)*
  et *(> gentille)*.

D
- L'angine est *(> mauvaise)* la grippe.
- Tu trouves ?

LE - LA - LES... (PRONOMS PERSONNELS)

★ Mes parents vont travailler... : on **les** renvoie...

PRONOMS PERSONNELS COMPLÉMENTS	Devant un verbe
(construction directe)	commençant par

tu vois **la plage**   tu **ne** vois **pas la plage**
tu **la** vois   tu **ne la** vois **pas**

> **sujet** + me / te / le/la / nous / vous / les + **verbe**

Devant un verbe
commençant par
a, e, i, o, u, h :
me → m'
te → t'
le → l'

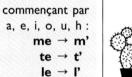

3 **Remplacez les mots soulignés par des pronoms personnels :**

A
- Tu donnes ces livres à Stéphane ?
- Non, je donne ces livres à Vanessa, Stéphane a déjà ces livres.

B
- Tu connais Nathalie ?
- Oui, je connais un peu Nathalie.
- Tu trouves Nathalie sympa ?
- Pas très.

C
- Je rencontre aujourd'hui le docteur Monin.
- Vous rencontrez le docteur Monin aujourd'hui ? Mais il est en Angleterre !
- Non, non, il est rentré hier.

D
- Tu utilises le Minitel ?
- Oui, j'utilise souvent le Minitel : c'est formidable !

E
- Tu vois (nous) ?
- Bien sûr, je vois (vous). Pourquoi cette question ?

F
- On envoie (moi) à Lyon en septembre.

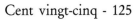

4   **Repérez LE, LA, LES et précisez : articles définis ou pronoms personnels ?**

A
- Les fleurs, là, dans la vitrine, sont très jolies.
- Tu les achètes ?
- Oui, j'aime les fleurs.
- Mais elles sont très chères.
- C'est vrai, mais je les trouve très belles.

B
- Tu connais le nom de nos nouveaux voisins ?
- Oui, je le connais : c'est Grangier.

C
- J'ai rencontré la mère de Nicole.
- Encore ! Tu la rencontres souvent.
- Elle habite dans la rue voisine.

5   **Remettez en ordre les mots des phrases :**

1. à / Biarritz / en / Nous / partons / tous / vacances
2. avec / de / faire / frère / la / ton / Tu / vas / planche à voile
3. a / Alain / ami / de / lettre / Luc / reçu / son / une
4. 3ᵉ / année / en / entrer / je / L' / prochaine, / vais
5. à / Bordeaux / dans / habitons / les / maison, / Nous / petite / tous / trois / une

• *L'année prochaine*

   * Je vais aller à Fort-de-France **l'année prochaine**.

   l'année dernière - cette année - l'année prochaine

6   **Complétez par « dernier/ère » - « ce/cette » - « prochain/e » selon le sens
et le temps des verbes :**

1. L'année ■, nous habitions Lille, ■ année, nous habitons Paris.
   - Et l'année ■, vous habiterez où ? - Nous ne le savons pas encore !
2. La semaine ■, nous avons rencontré Sophie au marché.
3. Dimanche ■, nous allons nager à la piscine de Pordec.
4. Le mois ■, nous avons reçu une lettre de Pierre : il était en vacances aux États-Unis.

Pense-bête

- Où allez-vous ? - On part à la Martinique.
                    - Moi, je reste en France.
                    - Je vais aller à Fort-de-France.
                              *
- L'année dernière, j'habitais Lille, cette année,
  j'habite Paris et l'année prochaine, j'habiterai
  Strasbourg.

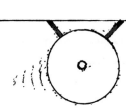

Enquête

Les jeunes Français et les animaux

Révisez les pronoms personnels *le, la, les* (p. 125)

l'imparfait (p. 114)

le futur proche (p. 100)

l'impératif (p. 94)

les verbes SAVOIR (p. 119), POUVOIR (p. 103),

DEVOIR (p. 114), ATTENDRE (p. 114)

RÉPONDRE

Présent

je réponds

tu réponds

il/elle répond

nous répondons

vous répondez

ils/elles répondent

Imparfait

je répondais

nous répondions

Passé composé

j'ai répondu

Impératif

réponds !

répondons !

répondez !

SE TAIRE

Présent

je me tais

tu te tais

il/elle se tait

nous nous taisons

vous vous taisez

ils/elles se taisent

Imparfait

je me taisais

nous nous taisions

Passé composé

je me suis tu(e)

Impératif

tais-toi !

taisons-nous !

taisez-vous !

[g] un **g**ant	[k] une **c**arte

- Guy, j'ai rencontré ma cousine Corinne ! Elle était
  avec une copine !
- Avec qui ?
- Avec Guilaine Lecomte.
- Qu'est-ce qu'elles faisaient ?
- Elles mangeaient des gâteaux au café Gourmandise.
- Le café Gourmandise ?
- Oui, le café du centre commercial.

[g]	**g** un gant	**gu** (e/i) un guide
[k]	**c** une carte	**qu** la musique	**k** des baskets

LE FUTUR

★ Je le **soignerai**

★ Tu le **promèneras**

★ Tu t'**occuperas** de lui ?

PARLER AU FUTUR

parler

je parler**ai**	nous parler**ons**
tu parler**as**	vous parler**ez**
il/elle parler**a**	ils/elles parler**ont**

Au futur, tous les verbes
ont les mêmes terminaisons.

I   Mettez les verbes au futur :

A
- Les vacances *(commencer)* le 31 juillet ?
- Je ne sais pas : je *(demander)* demain au professeur.

B
- Où *(habiter)*-vous à la rentrée ?
- Nous *(louer)* un appartement à Lille.

C
- Elles *(garder)* les enfants
  et nous *(s'occuper)* des courses.

D
- Comment *(trouver)*-t-il de l'argent
  pour acheter une moto ?
- Il *(donner)* des cours de maths
  et il *(travailler)* comme serveur
  dans un restaurant.

E
- Tu *(rentrer)* tard ce soir ?
- Oui, vers minuit !

 L'IMPÉRATIF (suite)

★ Descends-**le** !

2   Observez les exemples suivants :

Tu **le** laves	→	Lave-**le** !
Tu **les** donnes à Marie	→	Donne-**les** à Marie !
Nous **la** soignons	→	Soignons-**la** !
Vous **le** gardez	→	Gardez-**le** !
Vous **la** prenez	→	Prenez-**la** !

Verbe à l'impératif + **le la les** + **!**

3   Transformez ces phrases en ordres :

1 - Tu prends ces fleurs : tu les mets sur la fenêtre.
2 - Vous achetez une glace et vous la mangez tout de suite.
3 - Nous apprenons une histoire et nous la racontons aux enfants.
4 - Tu choisis une chanson et tu l'écoutes.
5 - Vous choisissez un exercice et vous le faites.

4   Écoutez et complétez :

A
Maman, je ■.
■ ? Mais ■ ?
Tous mes ■ ont ■ !

B
■ !
Oui, ■ ce soir !
■, j'ai oublié ■ !

5   Faites des phrases logiques et conjuguez le verbe :

1. Je		argent			l'aider.
2. Nous		eau			le déjeuner.
3. Vous	avoir besoin de	pain		pour	payer leur appartement.
4. Ils		toi			prendre le métro.
5. Tu		un ticket			vivre.
6. Il		la salle de bains			vous laver.

• *C'est promis ! C'est juré !*

6   **Faites deux phrases en utilisant ces expressions.**

• *Deux fois par jour.*

7   **Complétez le début de chaque phrase de la colonne A par l'expression de la colonne B qui convient :**

A
1. Marion fait de la gymnastique au collège
2. Je mange
3. On fête Noël
4. Nous allons à la piscine
5. Nous avons un bilan de français

B
a. trois fois par jour
b. deux fois par semaine
c. trois fois par mois
d. une fois par trimestre
e. une fois par an

> j'ai **le** temps → je n'ai pas **le** temps
> C'est **le** chien de Marc → ce n'est pas **le** chien de Marc

Pense-bête

- Tu as besoin de quelque chose ?
- Oui, j'ai besoin d'argent !
*

- Il faut promener le chien deux fois par jour.

Vie pratique

À la gare de Dijon

Révisez   « je voudrais » (p. 112)
le futur (p. 127)
le verbe DIRE (p. 106)
les nombres ordinaux (p. 137)
l'argent français (p. 136)
Repérez les villes citées sur la carte de France (p. 134)

PERDRE

Présent	Passé composé
je perds	j'ai perdu
tu perds	
il/elle perd	
nous perdons	
vous perdez	*Impératif*
ils/elles perdent	perds !
	perdons !
Imparfait	perdez !
je perdais	
nous perdions	

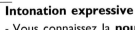

Intonation expressive
- Vous connaissez la **nouvelle** ?
  Alain est **rentré** à la **Martinique** !
- Comme **ça** ? Sans **prévenir** ?
- **Que** c'est **beau** !
- **Vive** les **vacances** !
- **Bonjour** monsieur Lambert ! **Quelle** pluie !
  Tiens, vous avez un **chien** ?
  Je ne **savais** pas...

LE FUTUR (suite)

★ On **sera** le 20 juin.

1   **Conjuguez le verbe** ÊTRE **au futur :**

je **serai** malade   nous **serons** au Danemark
tu **seras** à Paris   vous **serez** en France
il/elle/on ■ en classe   ils/elles **seront** en Italie

2   **Complétez la conjugaison du verbe** AVOIR **au futur :**

j'**aurai** faim   nous **aurons** faim
tu **aur**■ un chien   vous **aur**■ un chien
il/elle/on **aur**■ peur   ils/elles **aur**■ peur

3   **Recopiez et complétez le tableau suivant :**

ALLER	FAIRE	SAVOIR	POUVOIR	DEVOIR	TENIR	VENIR
j'**irai**	je **ferai**	je **saurai**	je **pourrai**	je **devrai**	je **tiendrai**	je **viendrai**
tu ir**as**	tu fer**as**	tu saur**as**	tu pourr**as**	tu devr**as**	tu tiendr**as**	tu viendr**as**
. . . .	. . . .	. . . .	. . . .	. . . .	. . . .	. . . .

FALLOIR → il **faudra**

4   **Mettez les phrases au futur :**

A
- Dimanche prochain, le match *(finir)* à 11 h 30.
- Bien ! Comme ça, vous *(avoir)* le temps
  de rentrer déjeuner.

B
- Pendant que vous *(être)* à l'école,
  je *(faire)* les courses.

C
- Lundi prochain, vous *(prendre)* le train de 21 h.

D
- Tu *(venir)* avec nous pour la Pentecôte ?
- Non, je *(aller)* avec Camille :
  nous *(avoir)* la voiture de ses parents.
- Attention ! il y *(avoir)* beaucoup
  de monde !

E
- Quand tu *(être)* grand, tu *(comprendre)* !

G
- Richard, tu *(tenir)* la main de ta sœur
  pour traverser !

F
- Il *(falloir)* visiter le Centre Beaubourg
  quand vous *(être)* à Paris.

5   **Remettez en ordre les mots des phrases :**

1. 17 h / dans / de / Je / le / place / train / une / voudrais
2. billet / Composte / dans / et / mets-le / sac ! / ton / ton
3. À / à / arrivez-vous / heure / Lyon ? / quelle
4. Kiwi / ? / Avez-vous / carte / dépliant / la / sur / un
5. compartiment / dans / fumeurs / Je / non / un / voyage

6 ◖●●◗ **Écoutez et complétez :**

A

- Un ■ pour Bordeaux.
- Quelle ■ ?
- ■
- Cela fait ■

B

- ■ part le train pour Lille !
- ■ ?
- Le ■
- Il ■ et il arrive à Lille ■

7 **Posez les questions correspondant aux réponses :**

1 - ■ ? - Je pars le lundi 27 juillet.
2 - ■ ? - À 13 h 25.
3 - ■ ? - Je vais à Bordeaux.
4 - ■ ? - Le T.G.V. Paris-Hendaye.

5 - ■ ? - En première.
6 - ■ ? - Aller simple.
7 - ■ ? - Fumeurs.
8 - ■ ? - Trois places.

Pense-bête ◖●●◗

- Je voudrais l'horaire des trains pour Marseille, s'il vous plaît.

*

- Un billet aller et retour en deuxième classe.
- Quand partez-vous ?
- Le 20 juin à 16 h 57.

*

- Je voudrais une réservation en compartiment non fumeurs.

Événement

Rencontre des jeunes Européens à Paris

Révisez le futur (p. 127)
les verbes VENIR (p. 89), VOIR (p. 111),
APPRENDRE (p. 117)
l'heure (p. 137)

Repérez les pays cités sur la carte de la C.E.E. (p. 133)

• *Vous avez raison* ≠ *Vous avez tort*

1 **Répondez en utilisant** « avoir raison » **ou** « avoir tort » :

1 - J'aime la cuisine française. - ■ !
2 - Nous préférons les vacances à l'école. - ■ !
3 - Il ne prend jamais l'avion. - ■ !
4 - À notre avis, les pompiers font un métier dangereux. - ■ !
5 - Elles achètent toujours leurs fromages au marché. - ■ !

2 **Posez les questions et complétez les réponses suivantes de manière logique :**

1 - ■ ? - Nous allons parler de ■
2 - ■ ? - Ils viennent de ■
3 - ■ ? - Nous avons organisé ■

4 - ■ ? - La réunion commence à ■
5 - ■ ? - Pour le déjeuner, nous avons choisi ■

Pense-bête ◖●●◗

- Une journée, c'est peu !
- Une journée, c'est beaucoup !

*

- Vous avez raison !
- Vous avez tort !

Bilan des numéros 5 et 6

1 (• •) **Écoutez et complétez :**

1. Vous prenez le ■ pour aller à Besançon ?
2. Oui, nous n'avons pas de ■
3. Vous ■ avec votre ■ ?
4. Toujours : ■.

2 **Complétez les phrases avec les mots de la liste suivante. Accordez ces mots :**

angine - contagieux - ennuyer (s') - fièvre - mal - malade - médecin - tête.

1. Patricia est ■
2. Qu'est-ce qu'elle a ?
3. Elle a une ■
4. Elle a de la ■ ?
5. Oui, elle a 39 et elle a ■ à la ■

6. Vous avez appelé le ■
7. Oui, il est venu hier.
8. C'est ■ ?
9. Oui, elle doit rester à la maison et elle ■

3 **Posez les questions correspondant aux réponses :**

1 - ■ ? Oui, elle a une angine.
2 - ■ ? Elle a mal à la gorge.
3 - ■ ? Oui, je fais du volley et du tennis.
4 - ■ ? Ce livre coûte 120 F.
5 - ■ ? Non, j'ai un billet de 200 F.
6 - ■ ? Descendez à la prochaine station.
7 - ■ ? Nous allons à Strasbourg.
8 - ■ ? Je pars le 31 juillet prochain.

4 **Mettez les verbes entre parenthèses à l'imparfait :**

1 - *Le policier* Que ■ -vous dans la nuit de jeudi à vendredi ? *(faire)*
2 - *L'homme* J'■ à la maison ; je ■ la télévision *(être) (regarder)*
3 - *Le policier* Vous ■ seul ? *(être)*
4 - *L'homme* Oui.
5 - *Le policier* Et où ■ votre copain Charles ? *(être)*
6 - *L'homme* Je ne sais pas.
7 - *Le policier* Je vais vous dire où il ■ : avec vous, rue de la Gare. *(être)*
8 - *L'homme* Et qu'est-ce qu'on ■ rue de la Gare ? *(faire)*
9 - *Le policier* Vous ■ le cambriolage de la poste. *(préparer)*
10 - *L'homme* C'est faux, nous ■ avec Maurice et Jeannot, à un match de football. *(être)*
11 - *Le policier* Et vous ■ la télévision chez vous... tout seul ! *(regarder)*

5 **Remplacez les mots soulignés par des pronoms personnels :**

A
- Tu parles à tes voisins ? — Non, je ne parle pas <u>à mes voisins</u>.
- Pourquoi ? — Je ne comprends pas <u>mes voisins</u>, ils parlent chinois.

B
- Tu me donnes ton livre d'histoire ?
- Impossible : je donne <u>mon livre d'histoire</u> à Lucie : elle a une interro d'histoire samedi.

C
- Je connais (<u>vous</u>) : vous êtes la fille de la pharmacienne.

D
- Où est-ce que je peux acheter mes billets de train ? - Achetez <u>vos billets de train</u> à la gare.

E
- Tu demandes (<u>à moi</u>) son adresse ? Mais je ne connais pas <u>son adresse</u>.

6 **Mettez les phrases au futur :**

1. Les grandes vacances ■ le 28 juillet. *(commencer)*
2. Je ■ à Paris en août. *(être)*
3. Vous ■ beaucoup de travail le mois prochain. *(avoir)*
4. Tu ■ tes devoirs et tu ■ dîner. *(finir) (aller)*
5. Vendredi soir, nous ■ au restaurant. *(manger)*

BOÎTE À OUTILS
GÉOGRAPHIE   **Atlas**

Carte de la francophonie

- • DOM/TOM
- ⧄ pays où le français est très utilisé
- • pays ayant au moins un lycée français

Coup d'œil
sur la Communauté
Européenne

La C.E. : 12 pays

2,25 millions de km²
(1/4 des États-Unis)

322 millions d'habitants
(3e rang mondial)

Une des régions les plus riches
du monde

Coup d'œil
sur la Martinique

328 566 habitants
Département français
d'outre-mer (D.O.M.)
à 7 000 km de la France
entre l'océan Atlantique
et la mer des Caraïbes
1re ville : Fort-de-France

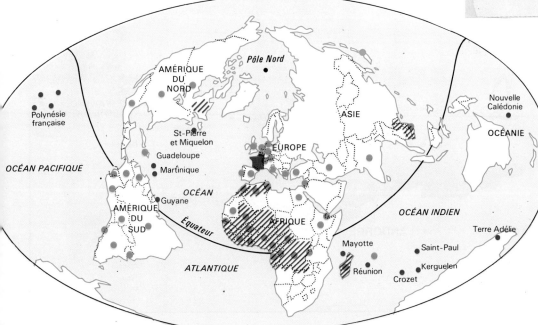

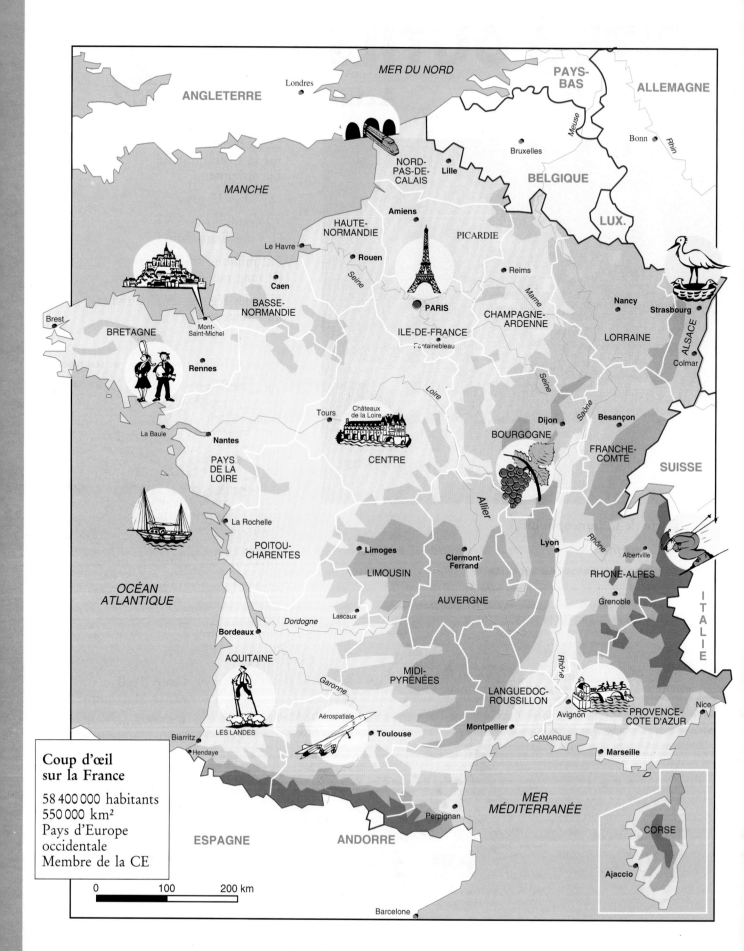

ANGLETERRE

MER DU NORD

PAYS-BAS

ALLEMAGNE

Londres

Bruxelles

Bonn

Meuse

Rhin

BELGIQUE

LUX.

NORD-PAS-DE-CALAIS

Lille

Amiens

PICARDIE

HAUTE-NORMANDIE

MANCHE

Le Havre

Rouen

Seine

Reims

CHAMPAGNE-ARDENNE

Marne

Nancy

Strasbourg

ALSACE

Colmar

PARIS

ILE-DE-FRANCE

Fontainebleau

LORRAINE

Caen

BASSE-NORMANDIE

Brest

BRETAGNE

Mont-Saint-Michel

Rennes

Tours

Loire

Châteaux de la Loire

CENTRE

Seine

Saône

Dijon

BOURGOGNE

Besançon

FRANCHE-COMTÉ

SUISSE

La Baule

Nantes

PAYS DE LA LOIRE

La Rochelle

POITOU-CHARENTES

Limoges

LIMOUSIN

Clermont-Ferrand

Allier

Lyon

Rhône

Albertville

RHONE-ALPES

ITALIE

OCÉAN ATLANTIQUE

Dordogne

Lascaux

AUVERGNE

Grenoble

Bordeaux

AQUITAINE

Garonne

MIDI-PYRÉNÉES

Rhône

LANGUEDOC-ROUSSILLON

Avignon

PROVENCE-COTE D'AZUR

Nice

LES LANDES

Aérospatiale

Toulouse

Montpellier

CAMARGUE

Marseille

Biarritz

Hendaye

MER MÉDITERRANÉE

ESPAGNE

ANDORRE

Perpignan

CORSE

Ajaccio

Barcelone

Coup d'œil sur la France

58 400 000 habitants
550 000 km²
Pays d'Europe
occidentale
Membre de la CE

0   100   200 km

Plan du métro parisien

Charles de Gaulle
(1890-1970)

Louis Pasteur
(1822-1895)

Victor Hugo
(1802-1885)

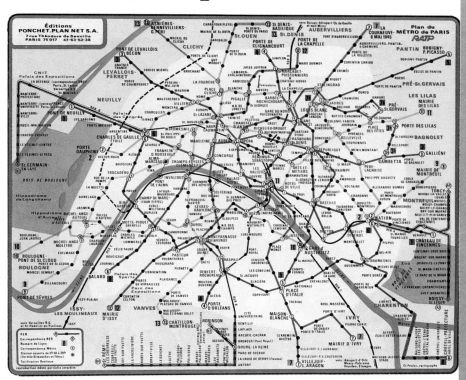

Localisation

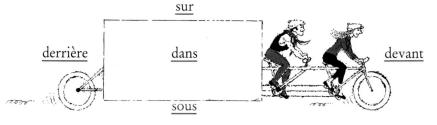

sur

derrière   dans   devant

sous

Philippe Auguste
(1165-1223)

Voltaire
(1694-1778)

DESSIN

Violet

Bleu

Vert

Jaune

Orange

Rouge

Blanc

Gris

Noir

Henri Matisse
(1869-1954) :
« Nu aux bas verts »

Miniature :
*« Nychostrata
inventrice des lettres »
(vers 1505)*

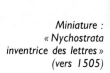

ÉCONOMIE

Argent et prix

SCIENCES NATURELLES

Corps humain

la tête
le dos
une épaule

un bras
une main
un doigt

la poitrine

le ventre

une jambe

un pied

H. Rigaud :
Louis XIV
en costume de sacre
(1638-1715)

les cheveux

les yeux
le nez
la bouche

le cou

une oreille

A.J. Gros :
L'impératrice Joséphine
(1763-1814)

MATHÉMATIQUES

Chiffres et nombres

De 1 à 141,
voir la pagination du livre.

À partir de 142

150 cent cinquante
151 cent cinquante et un

200 deux cents, 201 deux cent un
300 trois cents

À partir de 1 000

1 000 mille
1 001 mille un
1 050 mille cinquante
1 151 mille cent cinquante et un

2 000 deux mille
1 000 000 un million
1 500 000 un million cinq cent mille

Nombres ordinaux

1er premier
1re première
2e deuxième
3e troisième
4e quatrième

5e cinquième
6e sixième
7e septième
8e huitième
9e neuvième

Pourcentages

10 % dix pour cent
25 % vingt-cinq pour cent

Unités de mesure

1 kg (un kilogramme) (un kilo) = 1 000 g (mille grammes)

38° (trente-huit degrés)

1 m² = un mètre carré

1 m³ = un mètre cube

1 m (un mètre) = 10 dm (dix décimètres) = 100 cm (cent centimètres)
1 km (un kilomètre) = 1 000 m (mille mètres)

Heure

Matin	1 h une heure	2 h 10 deux heures dix	3 h 15 trois heures un quart	4 h 30 quatre heures et demie	5 h 45 six heures moins le quart	12 h midi

Après-midi	13 h treize heures	14 h 10 quatorze heures dix	15 h 15 quinze heures quinze	16 h 30 seize heures trente	17 h 45 dix-sept heures quarante-cinq	0 h minuit

Date

La semaine :

lundi
mardi
mercredi
jeudi
vendredi
samedi
dimanche

Les mois :

janvier
février
mars
avril
mai
juin

juillet
août
septembre
octobre
novembre
décembre

FRANÇAIS

Alphabet

A	B	C	D	E	F	G
a	b	c	d	e	f	g

	H
	h
I	
	i
J	
	j
K	
	k
L	
	l
M	
	m
N	
	n
O	
	o
P	
	p
Q	
	q

Lexique

a

46 d'accord
17 acheter
49 activité (une)
40 adolescent (un) - *ado*
21 adorer
42 adresse (une)
49 s'adresser (à)
46 affiche (une)
46 affreux (-euse)
22 aimer
04 aller
04 allô !
09 alors
21 altitude (une)
41 amusant (-e)
12 an (un)
48 angine (une)
06 anglais (-e)
31 animal (un)
46 année (une)
27 anniversaire (un)
43 annuaire (un)
58 appartement (un)
12 s'appeler
04 apprendre
23 après
27 après-midi (un)
41 argent (l')
50 argent de poche (l')
60 arrivée (une)
13 arriver
33 ascenseur (un)
21 ascension (une)
47 association (une)
19 atelier (un)
20 attendre
12 attention !
13 aujourd'hui
12 aussi
31 auteur (un)
33 automobiliste (un/e)
13 autre
49 avant
04 avec
21 aventure (une)
08 avion (un)
20 avoir

b

08 ballon (un)
31 bande dessinée (une) - *BD*
18 bâtiment (un)
37 bavarder

30 beau (belle)
22 beaucoup
57 avoir besoin de...
38 bête
19 bibliothèque (une)
10 bicyclette (une) - *vélo (un)*
37 bien !
06 bien sûr
38 bière (une)
42 billet (un)
08 bizarre
33 blesser
26 bleu (-e)
29 blond (-e)
33 bloquer
27 blouson (un)
09 bon (-ne)
04 bonjour
59 bonsoir
10 boulangère (une)
31 *bouquin (un)*
57 bruit (un)
29 brun (-e)

c

42 cabine (une)
37 cachottier (-ière)
51 cadeau (un)
38 café (un)
57 camper
36 cantine (une)
42 carte postale (une)
33 caserne (une)
49 catamaran (un)
58 catastrophe (une)
58 à cause de
38 centre commercial (un)
49 centre sportif (un)
49 bonne chance
30 chanter
53 chaque
09 charlotte (une)
38 chaud (-e)
41 chaussure (une)
08 cheminée (une)
04 cher (-ère)...
18 chercher
29 cheveux (des)
27 chez
20 chic !
51 chiche !
28 chien (un)
36 choisir
12 chouette !

57 ciel (le)
08 cinéma (un) - *ciné*
16 classe (une)
57 cocotier (un)
48 code (un)
42 collection (une)
12 collège (un)
46 coller
08 colonne (une)
38 combien
38 commander
37 comme
17 commencer
16 comment
46 commerçant (un)
60 compartiment (un)
49 comprendre
59 compter
40 concours (un)
23 congés (les)
16 connaître
48 contagieux (-ieuse)
49 content (-e)
40 continuer
61 au contraire
32 contre
16 copain (un)
17 copine (une)
38 à côté de
57 couleur (une)
19 couloir (un)
20 cours (un)
50 faire des courses
29 court (-e)
28 cousin (un)
28 cousine (une)
43 coûter
36 couvert (un)
51 croire
17 croissant (un)
37 curieux (-ieuse)

d

50 dame (une)
48 danger (un)
27 dangereux (-euse)
18 dans

11 de
50 se débrouiller
53 début (un)
42 décrocher
23 dehors
17 déjà
62 délégué (un)
20 demain
38 demander
56 dénouement (un)
33 dépanner
60 départ (un)
43 département (un)
31 se dépêcher
36 ça dépend
60 dépliant (un)
58 dernier (-ère)
59 descendre
42 désolé (-e) !
30 détester
27 deuxième
38 devant
58 deviner
27 devoir
17 devoir (un)
33 difficile
20 dire
48 disparaître
22 documentaire (un)
37 dommage
58 donc
51 donner
48 douillet (-te)
20 doute (un)
18 tout droit
18 droite (la)
31 drôle

e

36 eau (l')
51 échanger
51 écharpe (une)
53 écouter
58 écrire
36 eh bien !
29 éléphant (un)
18 élève (un/une)
20 emploi du temps (un)

60 employé (un)
17 en
27 encore
22 enfant (un/une)
33 s'ennuyer
46 ensemble
41 entendre
49 entraînement (un)
27 s'entraîner
33 entre
26 entrée (une)
48 enveloppe (une)
21 escalade (une)
21 escalader
62 espoir (un)
43 essayer
09 et
39 étage (un)
06 être
30 exagérer
09 excellent (-e)

f

43 facile
10 facteur (un)
17 faim (la)
21 faire
21 falaise (une)
41 falloir
53 être fatigué (-e)
10 femme (une)
57 fermer
32 feu (un)
48 fièvre (une)
10 fille (une)
22 film (un)
21 fils (un)
38 fin (une)
20 finir
16 formidable
51 fou (folle)
12 fragile
04 français (-e)
26 frère (un)
48 froussard (-e)
38 fruit (un)
60 fumeur (un)
17 furieux (-euse)

é	è	ê

R	S	T	U	V	W	X	Y	Z
r	s	t	u	v	w	x	y	z

g

40 gagner
36 galette (une)
10 garçon (un)
41 garder
60 gare (une)
09 gâteau (un)
36 gâter (quelqu'un)
18 gauche (la)
17 génial (-e)
17 gentil (-le)
27 géographie (la) - *géo*
09 glace (une)
48 gorge (une)
09 gourmandise (la)
27 grand (-e)
28 grand-mère (une)
28 grand-père (un)
27 grands-parents (des)
38 grave
29 gris (-e)
29 gros (-e)
60 guichet (un)
21 guide (un)
17 gymnastique (la) - *gym*

h

30 s'habiller
12 habiter
21 hasard (un)
21 haut (-e)
20 heure (une)
34 hier
38 histoire (une)
11 homme (un)
53 avoir honte
36 hôpital (un)
60 horaire (un)

i

12 ici
46 idée (une)
27 idiot (-e)
48 immédiat (-e)
38 immeuble (un)
27 imperméable (un)
62 important (-e)
27 impossible
33 incendie (un)
22 informations (les) - *infos*
17 ingénieur (un)
37 inspecteur (un)
43 instruction (une)
59 interrogation (une) - *interro*
06 irlandais (-e)

j

33 jamais
07 jeu (un)
10 jeune
30 joli (-e)
23 jouer

17 jour (un)
27 journal (un)
33 journaliste (un/e)
62 journée (une)
49 judo (le)
07 junior
57 jurer
38 jus de fruits (un)

l

27 là
10 là-bas
58 laboratoire (un) - *labo*
40 se laver
31 lecture (une)
36 lentilles (des)
42 lettre (une)
41 se lever
31 librairie (une)
23 lire
48 lit (un)
23 livre (un)
29 long (-ue)
53 lunettes (des)
32 lutter

m

09 madame
10 mademoiselle
39 magasin (un)
40 magazine (un)
29 maigre
27 maintenant
49 maire (un)
06 mais
23 maison (une)
17 majuscule (une)
17 mal
48 malade
13 maman (une)
36 manger
41 mannequin (un)
46 marché (un)
41 marcher
28 mari (un)
27 mariage (un)
36 marquer
13 martiniquais (-e)
17 mathématiques (les) - *maths*
27 matin (un)
51 maximum (un)
41 médecin (un)
58 même
29 mémoire (la)
57 mer (la)
20 merci
13 mère (une)
33 métier (un)
52 métro (le)
47 mettre
20 à midi
47 mignon (-ne)
57 millier (un)
29 mince

46 moche
51 au moins
49 mois (un)
21 monde (le)
42 monnaie (une)
11 monsieur
21 montagne (une)
13 monter
46 montrer
31 se moquer (de)
53 musique (la)
17 mystère (un)

n

27 noces d'or (les)
27 noir (-e)
43 nom (un)
06 non
27 nota
10 nouveau (-velle)
56 nouvelle (une)
33 nuit (une)
42 numéro (un)

o

59 s'occuper (de)
29 œil (un)
49 offrir
07 olympique
28 oncle (un)
27 or (l')
12 ordinateur (un)
62 organisateur (un)
62 organiser
12 où
04 ou
38 oublier
04 oui
49 ouverture (une)
49 ouvrir

p

31 page (une)
36 pain (un)
12 papa (un)
40 par hasard
21 parachute (un)
04 parce que
11 pardon !
36 pareil (-le)
50 parent (un)
06 parler
62 participant (un)
48 partir
33 passionnant (-e)
51 payer
62 pays (un)
23 pendant
13 père (un)
38 personne (une)
11 petit (-e)
62 peu
06 peu (un)

21 peur (la)
38 peut-être
11 pharmacien (un)
46 phoque (un)
31 photographie (une) - *photo*
61 pile !
49 ping-pong (le)
26 piscine (la)
38 place (une)
49 plage (une)
09 s'il vous (te) <u>plaît</u>
16 planche (une)
49 planche à voile (une)
36 plateau (un)
49 pleuvoir
10 plombier (un)
59 pluie (la)
41 plus
53 poésie (la)
57 poisson (un)
37 police (la)
31 policier (-ière)
32 pompier (un)
47 porte (une)
53 porter
42 poste (la)
12 pour
04 pourquoi
37 pouvoir
23 préférer
19 premier (-ière)
19 prendre
21 préparer
31 présentoir (un)
38 presque
53 presser
32 prêt (-e)
56 prévenir
49 prix (un)
62 problème (un)
57 prochain (-e)
21 prodige (un)
17 professeur (un) - *prof*
41 profession (une)
32 professionnel (-le)
22 programme (un)
27 se <u>promener</u>
59 promettre
18 puis
51 pull (un)
36 purée (une)

q

38 quand
58 quand même
27 quartier (un)
20 quel
27 quelqu'un
27 quelque chose
41 quelquefois
10 qui
09 quoi

r

38 raconter

62 raison (une)
57 recevoir
19 réfectoire (un)
16 regarder
13 rencontre (une)
38 rencontrer
26 rendez-vous (un)
12 rentrée (la)
37 rentrer
58 renvoyer
58 répondre
57 requin (un)
60 réserver
09 restaurant (un)
50 rester
41 être en <u>retard</u>
21 retour (un)
53 rêve (un)
59 réviser
13 au <u>revoir</u>
48 rien
41 robe (une)
31 roman (un)
29 roux (rousse)
11 rue (une)

s

49 salle (une)
16 salut !
56 sans
32 sauver
11 savoir
33 seconde (une)
48 secret (un)
19 secrétariat (un)
27 faire <u>semblant</u> (de)
22 série (une)
09 serveur (un)
20 si
59 silence (le)
60 simple
33 sirène (une)
28 sœur (une)
59 soigner
23 soir (un)
39 soldes (des)
26 sortie (une)
59 sortir
42 sou (un)
41 sourire (un)
48 sous
50 souvent
22 spectacle (un)
58 splendide
23 sport (le)
49 stage (un)
53 station (une)
17 stupide
13 à <u>suivre</u>
12 super
31 superbe
31 sur
48 sûrement
41 surtout

27 surveiller
13 sympathique - *sympa*

t

49 table (une)
59 se <u>taire</u>
42 tant pis
28 tante (une)
17 tard
49 tarif (un)
43 télécarte (une)
37 téléphoner
22 télévision (la) - *télé*
17 temps (le)
31 tiens ?
38 terrasse (une)
53 théâtre (le)
62 thème (un)
42 timbre (un)
58 titre (un)
37 toujours
18 tourner
36 tous
08 train (un)
57 transparent (-e)
12 travailler
09 très
36 trimestre (un)
57 triste
30 trop
17 trouver
50 truc (un)

u

43 unité (une)
43 utiliser

v

57 vacances (les)
57 vague (une)
51 valoir
16 *vélo (un)*
31 vendeur (un)
26 venir
20 vérifier
37 vers
29 vert (-e)
50 vieux (vieille)
13 vite
57 vivre
16 voilà...
08 voile (une)
57 voilier (un)
26 voir
12 voisin (un)
08 voiture (une)
46 volontaire (un/e)
36 vouloir
53 voyageur (un)
31 vraiment

z

17 zut !

Table des matières PILE

Table des matières

CONCEPTION GRAPHIQUE ET MISE EN PAGE : Pascale Mac Avoy

ÉDITION : Gilles Breton

RECHERCHES ICONOGRAPHIQUES : Atelier d'Images

FABRICATION : Pierre David

RÉFÉRENCES PHOTOGRAPHIQUES :

3H : Jerrican, Valls ; **3BG :** Jerrican, Lans Arp ; **3BD :** Jerrican, Gontier ; **5H :** Gamma, Apesteguy ; **5M :** Bibliothèque nationale ; **5B :** Charmet ; **6-7 :** Jimagine ; **8H :** Gamma, Bulcao ; **8MG, MD :** Ernoult Features ; **8B :** Gamma, Marrow-liaison ; **9 :** Jerrican, Darque ; **10 :** Jerrican, Limier ; **11 :** Explorer Archives ; **15MH :** Jerrican, Cartton ; **15MB :** Gamma, Roche-Noël ; **15B :** Jerrican, Gaillard ; **18 :** Jerrican, Guignard ; **19G :** Charmet ; **19D :** Jerrican, Fagot ; **21H, B :** Gamma, Roche-Noël ; **22HG :** FR3 ; **22HMG :** TF1 ; **22HMD :** La Cinq ; **22HD :** La Sept ; **22MG :** Interpress, Loew ; **22MMG :** Canal+ ; **22MMD :** M6 ; **22MD :** Interpress ; **22BG :** Antenne 2 ; **22BM :** Interpress, Baril ; **22BD :** Interpress ; **23 :** Jerrican, Gaillard ; **25H :** Gamma, Jumelais ; **25M :** Jerrican, Aurel ; **25BG :** Jerrican, Laguet ; **31 :** Nathan ; **32 :** Gamma, Bassignac ; **33H :** Gamma, Bouquillon ; **33B :** Gamma, Siccoli ; **35H :** Jerrican, Ivaldi ; **35BG :** Jerrican, Crampon ; **35BD :** Gamma, Reglain ; **40 :** Jerrican, Gaillard ; **41H, B :** Jerrican, Gaillard ; **42B :** SIC ; **43H :** SAE-GIE, Labo photo ; **43B :** SIC-PTE ; **45H :** Jerrican, Gaillard ; **45M :** Jerrican, Limier ; **45B :** Gamma, Sanders ; **49H :** Gamma, Simon-Merillon ; **49M :** Sea and See, Fyot ; **49B :** Sea and See, Agnus ; **50 :** Jerrican, Limier ; **51 :** Jerrican, Limier ; **52 :** RATP, Ardaillon ; **52-53 :** Jerrican, Dufeu ; **53 :** RATP, Ardaillon ; **55H :** Jerrican, Mars ; **55BG :** Gamma, Job ; **60H :** Jerrican, Laine ; **60B :** SNCF ; **61 :** Gamma, Le Bot ; **62 :** Jerrican, Simon ; **63H :** Gamma, Le Bot ; **63M :** Jerrican, Limier ; **63BG :** Jerrican, Valls ; **63BD :** Gamma, Scorceletti ; **133 :** Vloo ; **135HHG, HMG, HBG, HD, MG, MD :** Charmet ; **135BG :** Photothèque H. Matisse ; **135BD :** Dagli Orti ; **136H :** Gauvreau ; **136 BG, BD :** Dagli Orti ; **137 :** Gauvreau. **14M, 54M :** dessins de Zaü extraits de *Des gestes et des mots pour le dire*, CLE international.

COMPOSITION ET PHOTOGRAVURE : Charente Photogravure

N° éditeur 10036043 (7) 90 - CSBF 90°
Imprimé en France. Août 1996
par Mame Imprimeurs à Tours (n° 37888)